미녀와 야수

Beauty and the Beast

행복한 명작 읽기

　어린 시절 누구나 한번쯤 읽게 되는 아름다운 동화와 명작은 훗날 어른이 되어서도 따뜻한 기억으로 가슴에 남기 마련이죠. 이제 영어로 다시 한번 명작의 세계에 빠져 보는 건 어떨까요? 한글 번역본에서는 절대 느낄 수 없는 원작의 깊이를 그 느낌 그대로 맛볼 수 있고, 이미 알고 있는 이야기라 어렵지 않습니다. 즐겁게 읽어 나가는 사이에 독해력이 쑥쑥 자라는 것은 기본이죠.
　「행복한 명작 읽기」 시리즈는 기초가 약한 영어 초급자나, 중, 고등 학생이 보다 즐겁고 효과적으로 영어 명작을 읽으며 독해력을 키울 수 있도록 개발된 독해력 증강 프로그램입니다.
　초보자를 위한 250단어 수준에서 중고급자를 위한 1,000단어 수준까지 6단계로 구성되어 있는 이 프로그램은 단계별로 효과적인 영어 읽기 요령을 제시하고 영문 고유의 참맛을 느낄 수 있는 장치가 곳곳에 배치되어 있습니다. 영어 표현 및 문법에 대한 친절한 설명, 어휘 학습과 내용의 이해를 돕는 퀴즈, 그리고 매 페이지 펼쳐지는 멋진 그림까지 어디 한군데 소홀함 없이 구성했습니다. 여기에 권말 특별부록 '리스닝 길잡이'를 곁들여, 읽기에서 그치지 않고 체계적인 듣기 학습까지 아우르고 있습니다. QR코드를 찍어 전문 미국 성우들의 생동감 넘치는 음성으로 본문을 들어 보세요.
　본문은 단계별 독자들의 수준을 고려하여 원어민 전문 필진이 교육부 선정 어휘를 가지고 표준 미국식 영어로 리라이팅하였기 때문에 정규 교과 학습에도 큰 도움이 될 것입니다. 「행복한 명작 읽기」를 통해 영어를 읽고 듣는 재미에 푹 빠져 보시기 바랍니다.

행복한 명작 읽기 연구회

Introduction

> 이 책의 저자

보몽 부인 (1711 ~ 1780)
Beaumont, Madame de

프랑스의 작가. 결혼 직후 영국으로 이주해 상류층 소녀들의 가정교사로 일하면서, 런던의 신문에 민화를 바탕으로 한 이야기나 역사, 전설, 지리 등을 소재로 한 교육용 작품을 연재하기 시작하였다. 40세 이후에는 여러 잡지를 출판하기도 하였는데 그 중 《미녀와 야수》가 수록된 어린이를 위한 잡지도 있었다. 그녀는 프랑스에서 최초로 어린이를 대상으로 한 잡지를 만들었고, 그 시대의 자유롭고 공상적인 문학 풍조가 그대로 담긴 수 편의 이야기와 우화를 써서 낭만주의의 선구적인 작가가 되었다.

「미녀와 야수」는 아름다운 아가씨 뷰티와 야수의 사랑 이야기다. 오랜 옛날 부유한 상인에게 세 명의 딸이 있었다. 셋 중 막내가 가장 아름다웠고 마음씨도 고왔다. 전 재산을 실은 배가 모조리 침몰하여 무일푼이 된 상인은 마지막 남은 한 척의 배에 기대를 걸고 항구로 길을 떠나게 된다.

하지만 항구에서는 그 배가 해적에게 약탈당했다는 소식만 기다릴 뿐이었다. 상인은 돌아오는 길에 야수의 성에서 하룻밤을 신세지게 되는데, 정원에서 뷰티를 위해 장미를 한 송이 꺾었다가 야수의 노여움을 산다. 결국 자신의 목숨 대신 아름다운 막내딸을 보내 주겠다는 약속을 하고 집에 돌아온다. 약속을 지키기 위해 미녀는 야수의 성을 찾아가고, 생김새는 추하지만 따뜻한 마음씨를 가진 야수와 사랑에 빠지는데….

《미녀와 야수》는 디즈니의 애니메이션으로 만들어지기도 했으며, 남녀노소 모두에게 사랑을 받고 있는 명작이다.

How to Use This Book
이 책, 이렇게 보세요

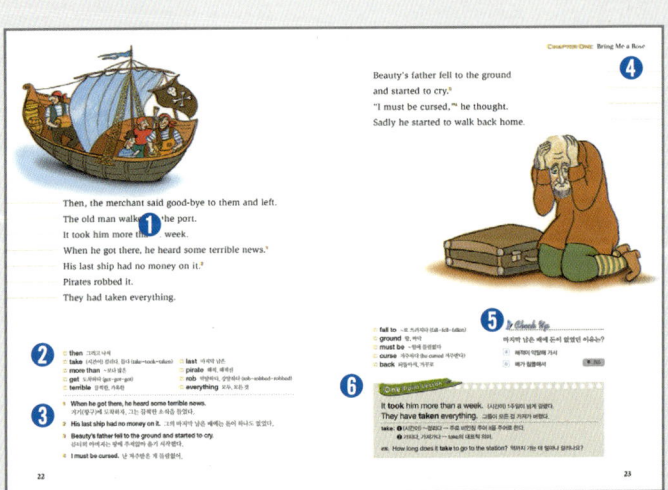

❶ 영어 본문
구문별·문장별로 행이 구분되어 있어
의미를 파악하기 쉽습니다.

❷ 어휘 설명
초등 필수 어휘 이상의 단어와 표현은
해당 의미를 명기했습니다.

❸ 문장 해석
다소 복잡하거나, 전체 줄거리의 핵심이
되는 문장은 해석을 달았습니다.
조그맣게 어깨 번호가 있는 문장은
하단을 확인해 보세요.

❹ RESPONSE NOTES
독자의 공간입니다. 영문을 읽어 나가다가
궁금한 점, 기억해 두어야 할 것을 메모하세요.

❺ Check-Up
내용 파악이 잘 되었는지 확인하는 퀴즈입니다.

❻ One Point Lesson
주요 문법사항이나 표현에 대한 심층 분석 코너.
어려운 문법도 알기 쉽게 정리됩니다.

MP3 무료 다운로드
MP3 파일을 다락원 홈페이지(www.darakwon.co.kr)
에서 다운로드받을 수 있습니다. 스마트폰으로 표지의
QR코드를 찍으면 다락원 홈페이지로 바로 연결되어
MP3를 재생할 수 있습니다.

How to Improve Reading Ability

왕초보를 위한 독해 가이드

1단계 군더더기는 필요 없다, 키워드를 잡아라.

문장 중 핵심어를 통해 대략적인 의미를 잡아내는 연습을 해보자. 단어 몇 개를 보고 무슨 내용인지 짐작해 보는 게 무슨 실력이냐 하겠지만, 큰 효과가 있다. 계속 해나가다 보면 우연히 맞힌 게 아니라, 실력으로 맞힌 것임을 알게 될 것이다.

2단계 길면 쪼개라.

문장을 의미 단위별로 끊어서 읽는다. 이 책은 의미 단위에 맞춰 행이 바뀌어 있다. 행이 바뀌는 게 거슬리는 순간, 여러분은 다음 단계로 올라가면 된다.

이때 앞에서부터 차례로 의미를 파악하는 습관을 들인다. 문장을 거슬러 올라오면서 해석하는 버릇이 들면, 읽는 시간이 오래 걸릴 뿐 아니라 리스닝할 때 큰 난관에 부딪히게 된다.

3단계 넘겨 짚는 것도 능력이다, 모르면 때려 맞춰라.

모르는 단어가 나와도 바로 사전을 찾지 말자. 문맥 속에서 유추하는 능력도 길러야 한다. 전혀 모르겠는 문장도 일단 어떤 이야기일 것이라고 생각해 본 다음, 해석을 확인하거나 사전을 찾도록 한다.

4단계 많이, 여러 번 읽어라.

영어를 정복하는 지름길은 없다. 많이 읽고, 여러 번 읽는 자만이 정상에 오를 수 있다. 꾸준히 영어를 접하다 보면 자기도 모르는 사이에 영어 실력이 쑤욱 올라간 느낌을 경험하게 될 것이다.

contents

Introduction 4
How to Use This Book 이 책, 이렇게 보세요 6
How to Improve Reading Ability 왕초보를 위한 독해 가이드 7

Before you read 10

[MP3] 001 **CHAPTER ONE**
Bring Me a Rose 장미 한 송이만 가져다주세요 12
Comprehension Quiz 24

[MP3] 002 **CHAPTER TWO**
Why Did You Steal My Rose?
왜 내 장미를 훔쳤느냐? 26
Comprehension Quiz 38

Before you read 40

[MP3] 003 **CHAPTER THREE**
The Beast is Going to Eat Me
야수가 날 잡아 먹을 거야 42
Comprehension Quiz 54

[MP3] 004 **CHAPTER FOUR**
Don't Leave Me 날 떠나지 마오 56
Comprehension Quiz 68

[MP3] 005 **CHAPTER FIVE**
I Love You, Beast 야수, 당신을 사랑해요 70
Comprehension Quiz 80

권말 부록
독해 길잡이 84
리스닝 길잡이 88
[MP3] 006 | 즐거운 리스닝 연습 90
[MP3] 007 | Listening Comprehension 94
전문 번역 96

Beauty and the Beast

미녀와 야수

CHAPTER ONE

Bring Me a Rose
장미 한 송이만 가져다주세요

RESPONSE NOTES

Once, there was a rich merchant in a big town.
He had many ships.
They brought lots of gold from all over the world.[1]

- **once** 옛날에, 한때
- **merchant** 상인, (특히) 무역상
- **bring** 가져오다 (bring-brought-brought)
- **all over the world** 세계, 도처에, 여기저기에
- **elder** 나이가 위인, 연상의
- **prettiest** 〈pretty의 최상급〉 가장 아름다운
- **would** ~하려고 했다 (주장, 의지를 나타냄)
- **wear** 입다 (wear-wore-worn)
- **marry** ~와 결혼하다
- **youngest** 〈young의 최상급〉 가장 어린
- **in fact** 실은, 사실
- **beauty** 미, 아름다움; 미인

He also had three daughters.
The two elder sisters thought
that they were the prettiest.
They would only wear expensive dresses.
They would only think about marrying rich men.²

The youngest daughter was different.
She was the most beautiful daughter.
In fact, everything about her was beautiful.³
This is why her name was 'Beauty.'

1 They brought lots of gold from all over the world.
배들은 세계 도처에서 많은 금을 가져왔다.

2 They would only think about marrying rich men.
그들(언니들)이 생각하는 거라곤 오직 돈 많은 남자와 결혼하는 것이었다.

3 In fact, everything about her was beautiful. 사실, 그녀에 관한 모든 것이 아름다웠다.

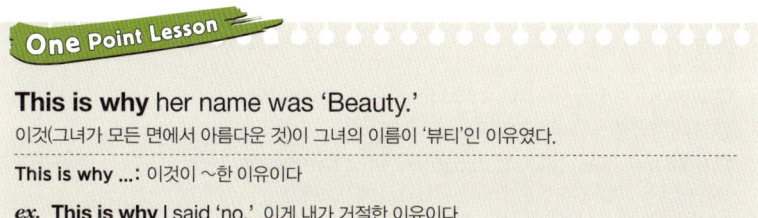

This is why her name was 'Beauty.'
이것(그녀가 모든 면에서 아름다운 것)이 그녀의 이름이 '뷰티'인 이유였다.

This is why ...: 이것이 ~한 이유이다

ex. **This is why** I said 'no.' 이게 내가 거절한 이유이다.

One day, the rich merchant suddenly lost everything.¹
All of his ships sank.
Now he only had a small country-house.
The old merchant told his daughters what happened.²
Beauty said to her father,
"Please don't cry.
We have each other and our good health.³
Money is not important."

- **one day** 어느 날
- **suddenly** 갑자기
- **lose** 잃다, 잃어버리다 (lose-lost-lost)
- **sink** 가라앉다, 침몰하다 (sink-sank-sunk)
- **country-house** 시골집
- **happen** (일·사건이) 일어나다
- **cry** 울다
- **each other** 서로에게, 서로(를)
- **health** 건강
- **important** 중요한

1 One day, the rich merchant suddenly lost everything.
어느날, 갑자기 그 부유한 상인은 모든 걸 잃었다.

2 The old merchant told his daughters what happened.
늙은 상인은 딸들에게 무슨 일이 일어났는지 얘기했다.

3 We have each other and our good health. 우리 모두 함께 있고, 건강하잖아요.

CHAPTER ONE Bring Me a Rose

Her sisters started to pull their hair out.[4]
"Oh, father," the eldest daughter cried.
"What will we do now?"
"You'll have to work," he said, very sadly.[5]
The middle daughter was angry and said,
"We can't work.
No rich man will want to
marry us!"[6]

- **pull out** 뽑다, 잡아뜯다
- **eldest** 〈old의 최상급〉 가장 나이 많은, 맏이의
- **sadly** 슬프게, 비통하게
- **middle** 중간의 (여기서는 세 딸 중 둘째)
- **want to** ~하기를 원하다

4 Her sisters started to pull their hair out.
   그녀의 언니들은 머리를 잡아뜯기 시작했다.

5 "You'll have to work," he said, very sadly.
   "너희들은 일을 해야겠지." 매우 비통하게 그가 말했다.

6 No rich man will want to marry us!
   부자는 우리랑 결혼하고 싶어하지 않을 거예요!

Check Up

두 언니의 심경을 영어 단어로
표현하면?

a hungry
b angry
c foolish

"Let's go to town,"
said the eldest daughter.
"We'll marry the first man
that proposes."[1]

The two eldest daughters put on
their best dresses.
They went to town, and
looked for husbands.

But everyone knew about the merchant's
bad luck.[2]

The middle daughter said to one man,
"I'm ready to be married."
"I only wanted to marry you for your money!"[3]
said he.

- let's ~하자
- propose 청혼하다
- put on (옷을) 입다 (put-put-put)
- look for 찾다, 구하다
- husband 남편
- bad luck 불운, 불행한 일
- be ready to ~할 준비가 되다
- be married 결혼하다

1 We'll marry the first man that proposes.
  우린 첫 번째로 청혼하는 남자와 결혼하는 거야.

2 But everyone knew about the merchant's bad luck.
  하지만 모든 사람들이 그 상인의 불운한 일을 알고 있었다.

3 I only wanted to marry you for your money!
  난 당신의 돈 때문에 당신과 결혼하고 싶었을 뿐이라오!

CHAPTER ONE Bring Me a Rose

Another man said to the eldest daughter,
"I changed my mind
because you don't have any money."

But one man ran to Beauty and said,
"Please marry me.
We could live happily
together."[4]
But she couldn't leave her
father.
"My father is old.
I have to stay with him."[5]

- change 바꾸다
- mind 마음
- happily 행복하게
- leave ~을 두고 떠나다
  (leave-left-left)
- stay with ~와 함께 살다

다음 중 본문의 내용으로 틀린 것은?

a 뷰티는 청년의 청혼을 받아들였다.
b 아무도 언니들에게 청혼하지 않았다.
c 상인의 불행한 소식은 마을에 파다했다.

4 But one man ran to Beauty and said, "Please marry me. We could live happily together." 그러나 한 남자는 뷰티에게 달려와 말했다. "저와 결혼해 주세요. 우린 행복하게 살 수 있을 거예요."

5 I have to stay with him. 전 그의 곁에 있어야 해요.

The family moved to the country-house.
The elder sisters didn't stop complaining.[1]
They never did any work.
But Beauty worked hard everyday.
"If I don't work, my father will be hungry,"
she thought.[2]

- **move to** ~로 이사하다
- **stop -ing** ~하기를 멈추다
- **complain** 불평하다, 투덜거리다
- **any** (부정문에서) 어떤, 아무것도
- **work** 일, 노동; 일하다
- **hard** 열심히
- **hungry** 배고픈

1 The elder sisters didn't stop complaining. 언니들은 끊임없이 불평을 해댔다.
2 "If I don't work, my father will be hungry," she thought.
  "내가 일하지 않으면 우리 아버지가 굶게 될거야."라고 그녀는 생각했다.

CHAPTER ONE Bring Me a Rose

One day, her father came home with a big smile.³
"I just heard some good news," he said.
"One of my ships didn't sink. It's bringing back lots of gold for us. We'll be rich again!"
Beauty smiled at her father.
"That's great news.
I'm so glad to see you happy again."⁴
The two elder sisters jumped up for joy.⁵
"We're rich! We're rich!" they shouted.

- **bring back** ~을 가지고 돌아오다
- **great** 대단한
- **glad** 기쁜
- **jump up** 뛰어 오르다
- **for joy** 좋아서
- **shout** 소리지르다

3 One day, her father came home with a big smile.
   어느 날 그녀의 아버지는 만면에 미소를 띠며 귀가했다.

4 I'm so glad to see you happy again.
   아버지가 행복해하시는 모습을 다시 보니 너무 기뻐요.

5 The two elder sisters jumped up for joy. 두 언니는 기쁨에 날뛰었다.

One Point Lesson

If I don't work, my father will be hungry.
내가 일하지 않으면 우리 아버지가 굶게 될 거야.

If + 주어 + 현재 시제 동사 ~, 주어 + will + 동사 …: ~하면 … 할 것이다 → 가정법 현재형

ex. If you go with me tomorrow, I'll bring more food.
내일 네가 나와 같이 간다면 음식을 더 가져갈게.

The next morning, Beauty's father woke up early.
He had to meet his ship at the port.¹
"Good-bye, girls. I'm going to the port," he said.
The elder sisters jumped out of bed and ran to him.²
"We had to eat bad food, and wear ugly clothes,"
they said.
"Will you bring us a present?
We want some chocolates and some silk dresses."

□ **wake up** 일어나다 (wake-woke-woken)
□ **early** 일찍
□ **meet** 마중하다 (meet-met-met)
□ **port** 항구
□ **out of** ~ 밖으로
□ **ugly** 보기 흉한
□ **present** 선물
□ **want** 원하다
□ **silk** 비단

CHAPTER ONE Bring Me a Rose

"OK. I'll bring you back what you want,"³ he said.
"What about you, Beauty?
What can I get for you?"
Beauty didn't want anything.
She was happy just because she could see her father happy.⁴
She only thought of one simple thing.
"Just bring me a rose,"⁵ she said.

- **bring back** 가지고 돌아오다
- **What about you?** 너는 어때?
- **get** 구해 주다, 사 주다
- **anything** 〈부정문에서〉 아무것도
- **think of** 생각나다, 생각해 내다
  (think-thought-thought)
- **simple** 소박한, 단순한
- **just** 오직, 다만

1 He had to meet his ship at the port. 그는 항구에 배를 마중하러 가야 했다.
2 The elder sisters jumped out of bed and ran to him.
 언니들은 침대에서 벌떡 일어나 그에게 달려갔다.
3 I'll bring you back what you want. 너희들이 원하는 것을 가져다주마.
4 She was happy just because she could see her father happy.
 그녀는 아버지가 행복해하는 모습을 볼 수 있는 것만으로 만족했다.
5 Just bring me a rose. 장미 한 송이만 가져다주세요.

One Point Lesson

I'm going to the port. 난 항구로 갈 거란다.

be going to: ❶ (막) ~하려고 하다 ❷ ~할 예정이다

ex. She's **going to** travel around the world. 그녀는 전 세계를 여행할 것이다.

Then, the merchant said good-bye to them and left.
The old man walked to the port.
It took him more than a week.
When he got there, he heard some terrible news.[1]
His last ship had no money on it.[2]
Pirates robbed it.
They had taken everything.

- **then** 그러고 나서
- **take** (시간이) 걸리다, 들다 (take-took-taken)
- **more than** ~보다 많은
- **get** 도착하다 (get-got-got)
- **terrible** 끔찍한, 가혹한
- **last** 마지막 남은
- **pirate** 해적, 해적선
- **rob** 약탈하다, 강탈하다 (rob-robbed-robbed)
- **everything** 모두, 모든 것

1 **When he got there, he heard some terrible news.** 거기(항구)에 도착하자, 그는 끔찍한 소식을 들었다.
2 **His last ship had no money on it.** 그의 마지막 남은 배에는 돈이 하나도 없었다.
3 **Beauty's father fell to the ground and started to cry.** 뷰티의 아버지는 땅에 주저앉아 울기 시작했다.
4 **I must be cursed.** 난 저주받은 게 틀림없어.

CHAPTER ONE Bring Me a Rose

Beauty's father fell to the ground and started to cry.[3]
"I must be cursed,"[4] he thought.
Sadly he started to walk back home.

- **fall to** ~로 쓰러지다 (fall-fell-fallen)
- **ground** 땅, 바닥
- **must be** ~임에 틀림없다
- **curse** 저주하다 (be cursed 저주받다)
- **back** 되돌아서, 거꾸로

마지막 남은 배에 돈이 없었던 이유는?

a 해적이 약탈해 가서
b 배가 침몰해서

One Point Lesson

It **took** him more than a week. (시간이) 1주일이 넘게 걸렸다.
They have **taken** everything. 그들이 모든 걸 가져가 버렸다.

take: ❶ (시간이) ~걸리다 → 주로 비인칭 주어 it을 주어로 한다.
❷ 가지다, 가져가다 → take의 대표적 의미.

ex. How long does it **take** to go to the station? 역까지 가는 데 얼마나 걸리나요?

CHAPTER ONE

Comprehension Quiz

A 다음 단어들 중 뷰티와 관련된 것에 동그라미 하세요.

beautiful   nice

lazy   rose

greedy   money

B 다음 뷰티의 아버지에 대한 설명 중 옳은 것은 T, 틀린 것은 F에 표시하세요.

❶ He once had many ships. 　T　F
❷ He never had any money. 　T　F
❸ He loved his daughters. 　T　F
❹ He wasn't very old. 　T　F

*A*nswers

A　beautiful, nice, rose
B　❶T　❷F　❸T　❹F

C 보기와 같이 다음 문장을 미래형으로 바꾸세요.

> He *had* a ship.
> ⇨ He *will have* a ship.

❶ They brought lots of gold for the merchant.
⇨ They _____ lots of gold for the merchant.

❷ Her sisters started to pull their hair out.
⇨ Her sisters _____ to pull their hair out.

❸ What did you do?
⇨ What _____ you do?

D 내용의 전개에 맞게 다음 문장을 다시 배열하세요.

❶ Beauty asked her father to bring her a rose.
❷ All of his ships sank.
❸ The elder sisters looked for husband.
❹ A rich merchant had many ships.
❺ The family moved to the country-house.

_____ ⇨ _____ ⇨ _____ ⇨ _____ ⇨ _____

---

*A*nswers

C ❶ will bring ❷ will start ❸ will
D ❹ ⇨ ❷ ⇨ ❸ ⇨ ❺ ⇨ ❶

Chapter Two

Why Did You Steal My Rose?
왜 내 장미를 훔쳤느냐?

RESPONSE NOTES

When the old man walked home,
the weather became terribly cold.[1]
The old man was sad and very cold.
He thought it would be so miserable to sleep in the cold.[2]

As the sun was setting,
the merchant saw a castle.
"Maybe there's a nice prince in that castle.
He'll give me a bed tonight,"
he said.

- **steal** 훔치다
  (steal-stole-stolen)
- **weather** 날씨
- **terribly** 몹시, 지독하게
- **cold** 추운
- **so** 너무나, 매우
- **miserable** 비참한, 가엾은
- **the cold** 추위
- **set** (해가) 지다, 저물다
  (set-set-set)
- **castle** 성, 궁전
- **maybe** 아마도

---

1 When the old man walked home, the weather became terribly cold.
   노인이 집으로 걸어 돌아가는 길에 날씨가 지독하게 추워졌다.

2 He thought it would be so miserable to sleep in the cold.
   추위 속에서 잠을 자는 것은 너무나 비참할 거라고 그는 생각했다.

When he came to
the gates of the castle,
he yelled "Hello!"³
Nobody answered him.
He looked through a
window and saw a fire in
the fireplace.
Next to the fireplace was a table.
On the table were a roasted chicken with potatoes,
cake, and hot coffee.
The food looked so delicious,
and the castle looked so warm.

He walked in, sat down, and ate all of the food.
After supper, he lay down on a comfortable bed and
went to sleep.⁴

- **gate** 성문, 대문
- **yell** 외치다, 소리지르다
- **look through** ~을 통해서 들여다보다
- **fireplace** 난로, 벽난로
- **next to** ~의 옆에
- **on the table** 테이블 위에
- **roasted** 구운
- **lie down** 눕다 (lie-lay-lain)
- **comfortable** 편안한, 안락한
- **go to sleep** 잠이 들다

3 When he came to the gates of the castle, he yelled "Hello!"
   그는 성문으로 다가가 "누구 계세요?" 하고 소리쳤다.

4 After supper, he lay down on a comfortable bed and went to sleep.
   저녁 식사 후에 그는 편안한 침대에 누워 잠이 들었다.

When the old man woke up in the morning, he felt very good.¹

He saw the table was set with a big breakfast.

The old merchant felt grateful to the owner of the castle.²

He didn't know who he was.³

But he was saved from a cold and hungry night.

- **feel** ~한 기분이 들다, ~하게 느끼다 (feel-felt-felt)
- **be set with** ~로 (상을) 차리다 (set-set-set)
- **grateful** 고맙게 여기는, 감사하는
- **owner** 주인, 소유자
- **save** 구하다 (be saved 구제받다)
- **save A from B** B로부터 A를 구하다

1 When the old man woke up in the morning, he felt very good.
그 노인은 아침에 일어났을 때 기분이 너무 좋았다.

2 The old merchant felt grateful to the owner of the castle.
늙은 상인은 그 성의 주인에게 고마움을 느꼈다.

3 He didn't know who he was. 그는 그(주인)가 누구인지 몰랐다.

CHAPTER TWO Why Did You Steal My Rose?

The old man decided to go and thank the owner.
He walked all around the house.[4]
He saw a lot of beautiful furniture and big rooms.
But he didn't see anybody.
So he thanked the empty castle.[5]
"Thank you!" he yelled. "Whoever you are!"[6]

- **decide to** ~하기로 마음 먹다
- **thank** 고마움을 표하다, 감사하다
- **anybody** 누구도, 아무도
- **empty** 텅 빈
- **whoever** 누구든지, 어떤 사람이든지

4 He walked all around the house.
  그는 집 주변을 죽 걸었다.

5 So he thanked the empty castle.
  그래서 그는 텅빈 성에 고마움을 표시했다.

6 Whoever you are!
  당신이 누구시든지요!

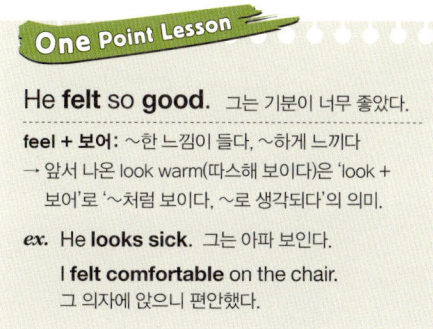

He **felt** so **good**. 그는 기분이 너무 좋았다.

feel + 보어: ~한 느낌이 들다, ~하게 느끼다
→ 앞서 나온 look warm(따스해 보이다)은 'look + 보어'로 '~처럼 보이다, ~로 생각되다'의 의미.

ex. He **looks sick**. 그는 아파 보인다.

I **felt comfortable** on the chair.
그 의자에 앉으니 편안했다.

When he left,
the old man saw a garden.
There were some rose bushes.
He remembered Beauty's request.

As soon as the old man picked
a rose, he heard a loud growl.
The merchant jumped up,
and saw a beast running toward him.[1]
"You dirty, little thief!"
the Beast growled.

- **garden** 정원
- **bush** 관목숲, 덤불
- **remember** 기억하다
- **request** 요청, 부탁
- **as soon as** ~하자마자
- **pick** 꺾다, 따다
- **loud** 큰 소리의, 시끄러운
- **growl** 으르렁거리는 소리; 으르렁대다
- **jump up** 벌떡 일어서다
- **beast** 야수, 짐승
- **toward** ~을 향해
- **dirty** 추잡한, 비열한
- **thief** 도둑

1 The merchant jumped up, and saw a beast running toward him.
상인은 벌떡 일어났다. 그리고 야수가 자기를 향해 달려오는 것을 보았다.

One Point Lesson

As soon as the old man picked the rose, he heard a loud growl.
노인이 장미를 꺾자마자 크게 으르렁거리는 소리가 났다.

as soon as + 주어 + 동사, 주어 + 동사: ~하자마자 …하다

ex. **As soon as** I bought this book, I sat down and read it.
이 책을 사자마자 앉아서 읽었다.

"I gave you food and a bed.
And what do you do?
You steal my roses!
Now you're going to pay for it.[2]
I'm going to kill you!"

Thump-Thump!
The old man's heart was beating loudly.
"Please, my Lord.
Please forgive me.
I didn't mean to offend you.[3]
I just wanted a rose for my youngest daughter," said he.
"I don't care about that!
And don't call me 'my Lord.'
My name is 'Beast.' That's what I am."[4]

- **pay for** ~의 대가를 치르다
  (pay-paid-paid)
- **thump** '쿵' 하는 소리
- **beat** (심장이) 뛰다 (beat-beat-beat)
- **loudly** 큰 소리로
- **my Lord** 임금님, 주인님
- **forgive** 용서하다 (forgive-forgave-forgiven)
- **mean** 의도하다, ~할 작정이다
- **offend** 화나게 하다, 기분을 상하게 하다
- **care about** 관심을 갖다, 마음쓰다
- **call** 부르다

2 **Now you're going to pay for it.** 이제 넌 대가를 치르게 될 거야.
3 **I didn't mean to offend you.** 당신을 화나게 할 생각은 없었어요.
4 **That's what I am.** 그게(야수가) 바로 나야.

Then the Beast began to think.

"You say you have a daughter, eh?[1]

You may go home.

But you have to send me your daughter.

If your daughter doesn't come here,

I'll kill you and your whole family!"[2]

The old man knew that the Beast wasn't joking.
But the merchant didn't plan to send
his daughter.[3]

- **begin to** ~하기 시작하다 (begin-began-begun)
- **eh** 〈구어체〉응? 그렇지? (동의를 구함)
- **may** ~해도 좋다
- **whole** 모두
- **joke** 농담하다
- **plan to** ~할 작정이다, 마음먹다

1 You say you have a daughter, eh? 딸이 하나 있다고 했겠다?

2 If your daughter doesn't come here, I'll kill you and your whole family!
  만약 네 딸이 여기 오지 않으면, 네 놈과 가족 모두를 죽여 버리겠다!

3 The merchant didn't plan to send his daughter.
  상인은 딸을 보내지 않을 작정이었다.

CHAPTER TWO Why Did You Steal My Rose?

"Beast," the old man said,
"I have a problem.
I have no money to send her.⁴
Also, nobody else in my family works.⁵
Without her, the rest of my family will starve."⁶
"Don't you worry about that," said the Beast.
"Take some gold from my castle. I have lots of it.
Give the gold to your family."

Check Up

다음 중 본문의 내용으로 틀린 것은?

a 야수는 상인에게 성 안에 있는 금을 가져가라고 했다.
b 상인은 돈이 없어서 딸을 못 보낸다고 말했다.
c 야수는 상인의 가족을 모두 보고 싶어했다.

정답: c

- problem 문제, 골칫거리
- nobody 아무도 ~않다
- else 그 밖의, 다른
- without ~없이
- rest 나머지
- starve 굶주리다, 굶어죽다
- worry 걱정하다
- take 가져가다 (take-took-taken)

4 I have no money to send her. 전 우리 딸을 보낼 여비가 없답니다.

5 Also, nobody else in my family works.
거기다, 우리 가족 중 (뷰티 말고) 다른 사람은 아무도 일하지 않습니다.

6 Without her, the rest of my family will starve.
그 애가 없으면, 남은 가족은 굶어 죽을 거예요.

The old man took a bag of gold with him and started walking home.
When the old man arrived home,
he was tired and very sad.¹
The elder daughters looked at his face and sighed.
They knew that something was wrong.²
"Let me guess. The last boat sank, and we're still poor," said the eldest daughter.

"Don't worry about money.
We have lots of that,"
said the merchant.
He opened his bag, and gold fell out all over the floor.³

- **tired** 피곤한, 지친
- **sigh** 한숨을 쉬다, 안타까워하다
- **wrong** 잘못된
- **Let me + 동사원형** 내가 ~할게
- **guess** 맞다, 추측하다
- **still** 여전히, 아직도
- **fall out** 밖으로 떨어지다 (fall-fell-fallen)
- **all over** 여기저기에, 도처에
- **floor** 바닥

1 When the old man arrived home, he was tired and very sad.
  노인이 집에 도착했을 때, 그는 피곤하고 매우 슬펐다.
2 They knew that something was wrong. 그들(언니들)은 뭔가 잘못됐다는 걸 알아챘다.
3 He opened his bag, and gold fell out all over the floor.
  그가 가방을 열자 금이 바닥 여기저기로 떨어졌다.

CHAPTER TWO Why Did You Steal My Rose?

The elder daughters started filling their pockets.⁴

Beauty looked at her father and said,
"I'm worried about you.
You look so sad."
"Actually, I'm sad because of this present," said the old man.⁵
He took out the rose, and gave it to Beauty.⁶
Then he told his daughters the sad story about the Beast, the castle, and the rose.

- ☐ **fill** 채우다
- ☐ **be worried about** ~에 대해 걱정하다
- ☐ **actually** 사실은, 실제로
- ☐ **take out** 꺼내다 (take-took-taken)

4 The elder daughters started filling their pockets.
   언니들은 주머니를 (금으로) 채우기 시작했다.

5 "Actually, I'm sad because of this present," said the old man.
   "사실은 이 선물(장미) 때문에 슬프구나."라고 노인이 말했다.

6 He took out the rose, and gave it to Beauty. 그는 장미를 꺼내서 뷰티에게 주었다.

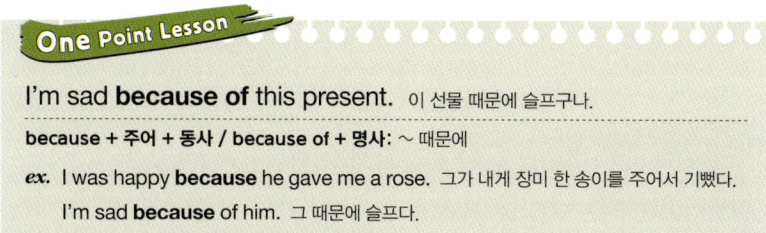

One Point Lesson

I'm sad **because of** this present. 이 선물 때문에 슬프구나.

because + 주어 + 동사 / because of + 명사: ~ 때문에

ex. I was happy **because** he gave me a rose. 그가 내게 장미 한 송이를 주어서 기뻤다.
    I'm sad **because** of him. 그 때문에 슬프다.

The elder daughters didn't care about his story.
They were happy playing with their gold.
But Beauty couldn't stop crying.[1]

"Oh, this is awful.

This is all my fault."[2]

After a while, Beauty said quietly,
"I'm going to go to the Beast, father."
Beauty's father looked at
his daughter.

"There is no choice," she said.
"The beast will kill you and our whole family
if I don't go."[3]
She looked determined.
There was no use telling her not to go.[4]
Beauty always did what she said.[5]

- care 관심 가지다, 신경쓰다
- play with ~을 가지고 놀다
- stop -ing ~하기를 멈추다
  (stop-stopped-stopped)
- awful 심한, 무서운
- fault 잘못
- after a while 얼마 후에, 잠시 후
- be going to ~하겠다, ~할 예정이다
- choice 선택(권), 고르기
- if 만일 ~하면 (가정을 나타냄)
- determined 단호한, 굳게 결심한
- be no use -ing ~하는 것이 아무 소용없다

1 But Beauty couldn't stop crying. 하지만 뷰티는 눈물을 그칠 수가 없었다.

2 This is all my fault. 이건 다 제 잘못이에요.

3 The beast will kill you and our whole family if I don't go.
만일 제가 가지 않으면, 야수가 아버지와 우리 가족 모두를 죽일 거예요.

4 There was no use telling her not to go. 그녀에게 가지 말라고 말해도 소용없었다.

5 Beauty always did what she said. 뷰티는 항상 자기가 말한 것을 행동에 옮겼다.

One Point Lesson

I'm going to go to the Beast, father. 제가 야수한테 갈게요, 아버지.

be going to: ~할 것이다, ~할 작정(예정)이다 → 가까운 미래의 의지, 예정, 결의 등을 나타낸다.

ex. I'm **going to** go to bed. 나 그만 잘래.
What **are** you **going to** do with it? 그걸 어떻게 할 생각이야?

CHAPTER TWO

Comprehension Quiz

A 다음 그림을 보고 보기에서 알맞은 단어를 골라 문장을 완성하세요.

> ate   saw   looked   walked

❶ The old man _____ a rose in the garden.

❷ The merchant _____ a roasted chicken.

❸ The old man _____ through a window.

❹ The old man _____ toward home.

*A*nswers

A ❶ saw ❷ ate ❸ looked ❹ walked

B 다음 중 뷰티의 언니들에 대한 설명으로 옳은 것은 T에, 틀린 것은 F에 표시하세요.

1. They liked to wear expensive clothing. T F
2. They liked to eat any kind of food. T F
3. They loved money. T F

C 문장의 앞 부분과 뒷 부분을 문맥에 맞게 연결하세요.

1. The weather   •   • ⓐ was miserable.
2. The Beast   •   • ⓑ was beating very loudly.
3. The old man's heart •   • ⓒ became terribly cold.
4. The old man   •   • ⓓ became very angry.

D 내용의 전개에 맞게 다음 문장을 다시 배열하세요.

1. The old man went to bed.
2. The old man ate the entire breakfast.
3. The weather became very cold.
4. The old man picked a rose.

_____ ⇨ _____ ⇨ _____ ⇨ _____

Answers

B ❶T ❷F ❸T
C ❶ⓒ ❷ⓓ ❸ⓑ ❹ⓐ
D ❸ ⇨ ❶ ⇨ ❷ ⇨ ❹

CHAPTER THREE

The Beast Is Going to Eat Me
야수가 날 잡아 먹을 거야

RESPONSE NOTES

The next morning, Beauty left for the castle.[1] She asked people for directions. The castle was very famous, because it was the biggest one around.[2] At sunset, she reached it.

Beauty looked around the castle. Like her father, she saw nobody. She yelled, "Hello!" but no one answered.[3]

- **leave for** ~을 향해 떠나다
  (leave-left-left)
- **direction** 위치, 방향
- **famous** 유명한
- **biggest** 가장 큰
  (big-bigger-biggest)
- **around** 그 주변에
- **sunset** 해넘이, 일몰
- **reach** 도착하다
- **look around** 둘러보다
- **like** ~처럼, ~와 마찬가지로
- **nobody** 아무도 ~아니다

1 The next morning, Beauty left for the castle. 다음날 아침, 뷰티는 성으로 떠났다.
2 The castle was very famous, because it was the biggest one around.
그 성은 주변에서 가장 큰 건물이라 매우 유명했다.
3 She yelled, "Hello!" but no one answered.
그녀는 "여보세요!" 하고 외쳤지만 아무도 대답하지 않았다.

She came in and saw a table with food on it.
Beauty thought,
"This beast must be trying to make me fatter.
I think he's going to eat me."
Beauty ate everything on the table.

After supper, she walked around the castle.
There were the fine curtains and expensive carpets, but no people.[4]
She saw a library with thousands of books.
But there were no people reading them.
Then, Beauty came to a door.
On it was a sign that read 'BEAUTY'S APARTMENT.'[5]

- **try to** ~하려고 하다, ~하려고 의도하다
- **fatter** 더욱 살찌게 (fat-fatter-fattest)
- **supper** 저녁식사
- **library** 서재, 도서관
- **thousands of** 수천 개의 ~, 수많은
- **sign** 팻말, 표지
- **read** ~라고 쓰여 있다 (read-read-read)
- **apartment** 방, 아파트

4 There were the fine curtains and expensive carpets, but no people.
  멋진 커튼과 값비싼 양탄자가 있었지만 사람은 아무도 없었다.

5 On it was a sign that read 'BEAUTY'S APARTMENT.'
  그것(문) 위에는 '뷰티의 방'이라고 쓰여 있는 팻말이 붙어 있었다.

One Point Lesson

This beast must be trying to **make me fatter**.
이 야수가 날 살찌우려는 게 틀림없어.

make + 목적어 + 보어(형용사 / 분사 / 원형부정사): ~(목적어)을 …하도록 만들다

ex. The funny story **made her laugh**. 그 재미있는 이야기가 그녀를 웃게 만들었다.

"Is this my room?
Maybe he won't kill me.
And how does he
know my name?"
she thought.

Beauty opened the door and went inside.
The girl was amazed by the room.
It was filled with beautiful things.¹
The room was as beautiful as Beauty.²
The girl was so happy to be there.³

- won't = will not ~하지 않을 것이다
- how 어떻게, 어떤 방법으로
- inside ~안으로
- be amazed by ~에 몹시 놀라다, 경탄하다
- be filled with ~로 가득차다

1 It was filled with beautiful things. 그것(방)은 아름다운 물건으로 가득했다.
2 The room was as beautiful as Beauty. 그 방은 뷰티만큼이나 아름다웠다.
3 The girl was so happy to be there. 그 소녀는 거기에 있으니 너무 행복했다.

CHAPTER THREE The Beast Is Going to Eat Me

She smiled and jumped on the bed.
A golden book was lying on the bed.[4]
The title was 'BEAUTY'S BOOK.'
She opened the book and read the first page.
It read, "Welcome, Beauty.
Don't worry about anything.
No one will hurt you in this castle.[5]
You are the princess here.
If you want anything, just say so.[6]
Invisible people will bring you what you want."[7]

- jump on ~에 뛰어들다
- golden 금으로 된, 금빛의
- lie on ~에 놓여 있다, 눕다 (lie-lay-lain)
- Welcome 환영합니다, 어서 오세요
- Don't worry about ~에 대해 걱정 말라
- hurt 다치게 하다, 상처를 주다
- princess 공주
- invisible 보이지 않는, 투명한
- what (you want) (원하는) 것

 Check Up

아무도 없는 성에서 뷰티가 필요한 게 있으면 어떻게 하면 되는가?

a 알아서 찾는다.
b 그냥 허공에 대고 필요한 것을 말한다.
c 보이지 않는 하인을 부른다.

q : 답은

4 A golden book was lying on the bed. 금빛의 책이 침대 위에 놓여 있었다.
5 No one will hurt you in this castle. 성에 있는 그 누구도 당신을 해치지 않을 겁니다.
6 If you want anything, just say so. 뭔가 원하는 것이 있으면 그냥 말만 하십시오.
7 Invisible people will bring you what you want.
투명 인간들이 당신이 원하는 걸 가져다줄 것입니다.

"I want to see my poor father.

He must be very sad."

As soon as Beauty said this,

a picture of her home appeared in a mirror

in front of her.[1]

She saw her father sitting in his favorite chair.

He looked so sad.[2]

She also saw her two sisters playing with gold.[3]

She thought, "He will learn to live without me soon.[4]

He'll be happy again."

After a while, she fell asleep thinking about her

family.[5]

- **poor** 불쌍한, 가엾은
- **appear** 나타나다
- **in front of** ~앞에
- **sit in** ~에 앉아 있다
- **favorite** 가장 좋아하는
- **look** ~하게 보이다
- **learn** 익히다, 배우다
- **without** ~없이
- **after a while** 잠깐 뒤, 잠시 후에
- **fall asleep** 잠들다 (fall-fell-fallen)

1 As soon as Beauty said this, a picture of her home appeared in a mirror in front of her. 뷰티가 이 말을 하자마자 그녀의 집 영상이 그녀 앞에 있는 거울에 나타났다.

2 He looked so sad. 그는 너무 슬퍼 보였다.

3 She also saw her two sisters playing with gold.
그녀는 두 언니가 금을 갖고 노는 것도 보았다.

4 She thought, "He will learn to live without me soon."
그녀는 "그는 곧 나 없이 사는 데 익숙해지실 거야." 하고 생각했다.

5 After a while, she fell asleep thinking about her family.
얼마 후 그녀는 가족을 생각하며 잠이 들었다.

Check Up

뷰티는 무엇을 통해 가족의 모습을 볼 수 있었나?

a picture
b mirror
c Beauty's book

One Point Lesson

She **saw her father sitting** in his favorite chair.
그녀는 아버지가 가장 좋아하는 의자에 앉아 계신 걸 보았다.

see + 목적어(A) + -ing: A가 ~하는 것을 보다

ex. I **saw him playing** tennis. 난 그가 테니스 치는 걸 보았다.

Beauty spent the next day alone.¹

In the evening, she sat down to a wonderful supper.

When she picked up her knife and fork, she heard a gentle growl from behind her.²

"Beauty," said the Beast.

"May I have supper with you?"

"It is your castle," Beauty answered.

"You can do what you want."

"No," said the Beast.

"You are the princess of this castle. You should decide.

□ **spend** (시간을) 보내다
   (spend-spent-spent)
□ **alone** 혼자서, 외로이
□ **pick up** 집어 들다
□ **gentle** 부드러운, 점잖은
□ **behind** ~뒤에
□ **uncomfortable** 불편한, 언짢은
□ **seem to** ~처럼 보이다, ~인 것 같다
□ **raise** (치켜) 올리다
□ **eyebrow** 눈썹
□ **expect A + to**부정사
   A가 ~할 것을 예상하다, 기대하다
□ **gently** 점잖게, 부드럽게
□ **continue** 말을 잇다, 계속하다
□ **probably** 아마
□ **inside** 본성, 속마음
□ **shyly** 수줍게, 부끄러워하며
□ **join** 함께 하다, 참여하다

1 **Beauty spent the next day alone.** 뷰티는 그 다음 날을 혼자서 지냈다.
2 **When she picked up her knife and fork, she heard a gentle growl from behind her.**
   그녀가 칼과 포크를 들었을 때, 그녀 뒤에서 부드럽게 으르렁거리는 소리를 들었다.

CHAPTER THREE The Beast Is Going to Eat Me

I don't want you to feel uncomfortable."
"You seem to be very gentle," she said.

The Beast raised his ugly eyebrows.
He hadn't expected her to say this.[3]
"You speak so gently," Beauty continued.
"You are probably more handsome on the inside."[4]
"Aw, I don't know about that.
Thank you for saying so," said the Beast shyly.
"I will join you for supper."[5]

Check Up

'The Beast raised his ugly eyebrows.'는 다음 중 어떤 의미에 가장 가까운가?

a The Beast was angry.
b The Beast was surprised.
c The Beast was happy.

3 He hadn't expected her to say this. 그는 그녀가 이런 말을 할 거라고는 예상하지 못했다.
4 You are probably more handsome on the inside. 당신의 속마음은 보다 멋질 거예요.
5 I will join you for supper. 당신과 함께 저녁 식사를 하겠소.

One Point Lesson

May I have supper with you? 당신과 함께 저녁 식사를 해도 될까요?

May I ...?: ~해도 좋습니까? → 허락을 구하는 정중한 표현
Can I ...?도 '~해도 될까요?'로 같은 의미지만 앞의 것이 더 정중한 느낌을 준다.

ex. **May I** borrow your book? 당신의 책을 좀 빌려 주시겠어요?
Can I use your pencil? 네 연필을 좀 써도 될까?

That evening, Beauty and the Beast sat down,
and ate together.
They spent a long time talking.¹
At the end of the evening,
Beauty thought that the Beast was not so scary.²

Every evening, he would have supper with her.
They talked about many things.

□ **at the end of** ~의 끝에, ~가 끝나갈 무렵
□ **scary** 무서운, 겁나는
□ **would** 늘 ~하였다, 하려고 했다
□ **that way** 그런 식으로, 그렇게
□ **happen** 일어나다, 발생하다
□ **at all** 〈부정문에서〉 조금도, 전혀 ~않다
□ **lie** 거짓말하다 (lie-lied-lied)
□ **good-looking** 잘생긴, 멋있는

1 They spent a long time talking. 그들은 이야기하며 오랜 시간을 보냈다.
2 At the end of the evening, Beauty thought that the Beast was not so scary.
   저녁이 끝나갈 무렵, 뷰티는 야수가 그렇게 무섭지 않다고 생각했다.

But the Beast asked one thing every night.
"How ugly am I?"[3]
Beauty always said, "Your heart is beautiful."
She really felt that way.
"I may be nice, but I am still a beast," he said.

A strange thing happened.
Beauty began to think
that the Beast wasn't ugly at all.[4]
He seemed to become handsome to her.

The Beast knew that Beauty never lied.
He didn't believe that he was good-looking.
But he did believe that Beauty saw something handsome inside him.

3 But the Beast asked one thing every night. "How ugly am I?"
   하지만 야수는 매일 밤 한 가지를 물었다. "내가 얼마나 추한가요?"

4 Beauty began to think that the Beast wasn't ugly at all.
   뷰티는 야수가 전혀 추하게 생기지 않았다고 생각하기 시작했다.

One Point Lesson

Beauty saw something handsome inside him.
뷰티는 그의 내면에서 멋진 뭔가를 보았다.

something(어떤 것), anything(아무 것)은 형용사가 항상 뒤에서 꾸며준다.

ex. Is there **anything wrong**? 뭐 잘못된 거 있니?
     He knew **something important**. 그는 뭔가 중요한 걸 알고 있었어.

The Beast felt a love for Beauty the first time that he saw her.

The problem was that she couldn't love him. "It is difficult to love an ugly beast," he thought. He often imagined that they were married.¹ It wasn't very difficult. They slept under the same roof, and ate the same food. Every evening they talked for hours like a husband and wife.²

But there was one thing missing: Beauty didn't love him.³

☐ **feel** 느끼다 (feel-felt-felt)
☐ **the first time** 맨 처음, 처음으로
☐ **imagine** 상상하다
☐ **married** 결혼한 (상태)
☐ **roof** 지붕
☐ **under the same roof** 같은 지붕 아래
☐ **for hours** 몇 시간 동안
☐ **missing** (있어야 할 곳에) 없는

1 He often imagined that they were married.
그는 종종 그들의 결혼한 모습을 상상하곤 했다.

2 Every evening they talked for hours like a husband and wife.
매일 저녁 그들은 남편과 아내처럼 몇 시간씩 얘기를 나누었다.

3 But there was one thing missing: Beauty didn't love him.
하지만 한 가지 빠진 게 있었다. 뷰티는 그를 사랑하지 않는다는 것이다.

CHAPTER THREE The Beast Is Going to Eat Me

Then, one day, he couldn't hide his feelings.[4]

"I love you, Beauty," he said. "Please marry me."

She sat and looked at the Beast for a long time.

"You are kind and gentle," said Beauty.

"But you are a beast.

And I can't imagine being married to a beast.[5]

I'm sorry."

The Beast growled and ran away.

He stayed at his room for a week after that night.[6]

Beauty had to eat dinner alone.

- **hide** 감추다, 숨기다 (hide-hid-hidden)
- **feelings** 감정
- **marry** ~와 결혼하다
- **run away** 도망가다 (run-ran-run)
- **stay** 머물다
- **for** (기간) ~ 동안
- **had to** ~해야 했다

다음 중 틀린 내용은?

a 야수는 뷰티에게 청혼했다.
b 야수는 뷰티를 처음 본 순간부터 사랑했다.
c 뷰티는 야수와의 결혼을 상상했다.

정답: c

---

4 Then, one day, he couldn't hide his feelings.
  그 후, 어느 날 그는 자신의 감정을 감출 수 없었다.

5 And I can't imagine being married to a beast.
  그리고 전 야수와 결혼한다는 게 상상이 되지 않아요.

6 He stayed at his room for a week after that night.
  그날 밤 이후 그는 일주일 동안 자기 방에 틀어박혀 있었다.

Chapter Three — Comprehension Quiz

A 퍼즐의 빈칸에 들어갈 낱말을 쓰세요.

B 본문의 내용에 맞게 다음 보기에서 적당한 단어를 골라 문장을 완성하세요.

> believed   imagined   spent   appeared

1. A picture of Beauty's house _____ in a mirror.
2. He often _____ that they were married.
3. They _____ a long time talking.
4. He _____ that Beauty saw something handsome inside him.

*A*nswers

A   painting, table, curtain, sign
B   ❶ appeared ❷ imagined ❸ spent ❹ believed

C 문장의 앞 부분과 뒷 부분을 문맥에 맞게 연결하세요.

❶ The castle was well known · · ⓐ with the gold.

❷ They were still playing · · ⓑ but there were no people reading them.

❸ She saw many books · · ⓒ who was sitting in his favorite chair.

❹ She saw her father · · ⓓ because it was the biggest one around.

D 내용의 전개에 맞게 다음 문장을 다시 배열하세요.

❶ Beauty came to a door on which has a sign 'BEAUTY'S APARTMENT.'
❷ The Beast asked Beauty if he could eat supper with her.
❸ The Beast asked Beauty to marry him.
❹ Beauty left for the castle.

_____ ⇨ _____ ⇨ _____ ⇨ _____

Answers

C ❶ – ⓓ   ❷ – ⓐ   ❸ – ⓑ   ❹ – ⓒ
D ❹ ⇨ ❶ ⇨ ❷ ⇨ ❸

Chapter Four

Don't Leave Me

나를 떠나지 마오

RESPONSE NOTES

A week later,

the Beast returned to the dining room.

He looked embarrassed and sad.

"Beauty," he said. "I know that I'm a beast.

And I know that a beauty could never marry

a beast.[1]

Please, I'll just ask one thing of you.

I want you to stay with me here forever.[2]

Let's be friends.

If you leave me, I'll be so lonely.[3]

I think I would die of sadness."

- □ **return** 돌아오다
- □ **embarrassed** 창피한, 무안한
- □ **forever** 영원히
- □ **lonely** 외로운, 고독한
- □ **die of** ~로 죽다, ~때문에 죽다
- □ **sadness** 슬픔

1 **And I know that a beauty could never marry a beast.**
그리고 전 미인은 야수와 절대 결혼할 수 없다는 걸 압니다.

2 **I want you to stay with me here forever.**
당신이 여기서 나와 함께 영원히 머물러 주길 원해요.

3 **If you leave me, I'll be so lonely.** 당신이 떠나면, 난 너무 외로울 거예요.

Beauty looked at the ground and blushed.
"I'm sorry, Beast,"
she said.
"I must go back to my father.
I saw him
in the magical mirror yesterday.
He is living alone.
My sisters finally got married and left him.⁴
He needs someone to take care of him."⁵

- **blush** (얼굴을) 붉히다, 빨개지다
- **go back** 돌아가다 (go-went-gone)
- **magical** 마법의
- **finally** 드디어, 마침내
- **get married** 결혼하다
- **take care of** ~을 돌보다

4 **My sisters finally got married and left him.**
우리 언니들이 마침내 결혼해서 그(아버지)의 곁을 떠났어요.

5 **He needs someone to take care of him.** 그분을 돌볼 누군가가 필요해요.

One Point Lesson

I'll **ask** one thing **of** you. 당신께 한 가지만 부탁할게요.

ask A of B: A를 B에게 부탁하다
→ B 앞에 of를 쓰는 데 유의한다. I'll ask you one thing. 이라고 해도 같은 의미.

ex. I **asked** nothing **of** you. 난 너에게 아무 것도 바라지 않았어.

"I understand you, Beauty.
You are so kind," said the beast.
"I know that you have to be with your father.[1]
But I can't stay alone anymore.
Go home for a week.
I'll send lots of money to your house.
Get a good servant for your father.
The servant could take care of him.
Then, come back to me.
If you don't come back,
I will die of
heartbreak,"
he said.[2]

- **understand** 이해하다
  (understand–understood–understood)
- **be with** ~와 함께 있다
- **anymore** 〈부정문에서〉 더 이상 (~할 수 없다)
- **get** 구하다 (get-got-got)
- **servant** 하인, 종
- **come back** 돌아오다
- **heartbreak** 상심, 비탄

1 I know that you have to be with your father.
   당신이 아버지와 함께 있어야 한다는 거 알아요.

2 "If you don't come back, I will die of heartbreak," he said.
   "만약 당신이 돌아오지 않으면 난 상심해서 죽게 될 거요."라고 그가 말했다.

CHAPTER FOUR Don't Leave Me

"Alright, Beast," said Beauty.
"My father will be happy just to see me again."[3]
"Take this ring," the Beast said.
"Wear it.
When you want to come back to me,
take the ring off before going to bed.[4]
In the morning, you'll wake up here in my castle."[5]

- **alright** 알았다, 좋다(동의)
- **just** 단지, 오직
- **again** 다시, 또 한 번
- **ring** 반지
- **wear** (장갑, 반지 등을) 끼다 (wear-wore-worn)
- **take off** 벗다, 빼다 (take-took-taken)
- **go to bed** 잠자리에 들다

3 My father will be happy just to see me again.
우리 아버지는 저를 다시 보는 것만으로도 기뻐하실 거예요.

4 When you want to come back to me, take the ring off before going to bed.
나한테 돌아오고 싶을 때 잠자리에 들기 전에 그 반지를 빼 놓으시오.

5 In the morning, you'll wake up here in my castle.
아침에 여기 성 안에서 깨어나게 될 거요.

Beauty put the ring on,
and went to bed.
In the morning, she woke up
in her father's house.[1]
She saw a box in the corner of
the room.
It was full of gold and beautiful
dresses.
The dresses were made of jewels
and silver.
Beauty knew that these were presents from
the Beast.[2]
"Thank you, Beast," she said to herself.

- □ **put on** (옷·장신구를) 착용하다 (put-put-put)
- □ **corner** 구석, 코너
- □ **be full of** ~로 가득차다
- □ **be made of** ~로 만들어지다
- □ **to oneself** 속으로; 자기 자신에게
- □ **tear** 눈물
- □ **joy** 기쁨, 즐거움
- □ **gift** 선물
- □ **heaven** 천국
- □ **hug** 꼭 껴안다 (hug-hugged-hugged)

1 **In the morning, she woke up in her father's house.**
  아침에 그녀는 아버지의 집에서 깨어났다.

2 **Beauty knew that these were presents from the beast.**
  뷰티는 이것들이 야수가 준 선물이라는 걸 알았다.

3 **When the lonely old merchant saw Beauty, he began to cry.**
  외로움에 지친 늙은 상인은 뷰티를 보자 울음을 터뜨렸다.

4 **I thought the Beast ate you.** 난 야수가 널 잡아먹은 줄 알았단다.

Chapter Four Don't Leave Me

When the lonely old merchant saw Beauty,
he began to cry.³
His tears were tears of joy.
"You are a gift from heaven," he said.
"I thought the Beast ate you."⁴
The merchant hugged
his daughter for a long time.
They were so happy.

One Point Lesson

Wear it. 그것을 끼세요.
Take the ring **off**. 반지를 빼세요.
Beauty **put** the ring **on**. 뷰티는 반지를 꼈다.

put on / wear: (옷을) 입다, (신발을) 신다, (반지 등을) 끼다
→ put on은 옷을 입는 동작에 초점을 맞추고 있고, wear는 입고 있는 상태를 나타낸다.
take off: (옷, 신발, 반지 등을) 벗다, 빼다

ex. She is **wearing** a beautiful dress. 그녀는 아름다운 드레스를 입고 있다.
   The boy **put on** his school uniform quickly. 그 소년은 교복을 급히 입었다.

A few days later,
her sisters came with
their husbands.
They were married to rich and
handsome men,
but they didn't look happy.
This was because of their
husbands.

When Beauty saw these men, she began to think
a lot about the Beast.¹
They were handsome, and he was ugly.
They were boring, and the Beast was interesting.
They were mean, and the Beast was kind.
They were stingy, and the Beast was generous.
They made their wives feel sad,
but the Beast made Beauty feel happy.²

- **a few** 몇 개의, 얼마인가의
- **be married to** ~와 결혼한 상태이다
- **think about** ~에 대해 생각하다
- **a lot** 대단히, 많이
- **boring** 따분한, 지루한
- **interesting** 재미있는
- **mean** 비열한, 치사한
- **stingy** 인색한, 구두쇠의
- **generous** 관대한, 아량 있는, 돈을 잘 쓰는
- **wife** 아내 〈복수〉 wives
- **realize** 깨닫다
- **very** 바로 그
- **moment** 순간
- **stand** 참다, 견디다 (stand-stood-stood)

CHAPTER FOUR Don't Leave Me

As Beauty thought about the Beast, she smiled.
Beauty realized at that very moment
that she loved the Beast.³

The middle sister saw the smile, and
became very angry.
"She looks happy but I'm so sad.
I can't stand this!
I wish she were dead!"⁴

1 When Beauty saw these men, she began to think a lot about the Beast.
   뷰티는 이 남자들을 보자 야수 생각이 많이 나기 시작했다.

2 They made their wives feel sad, but the Beast made Beauty feel happy.
   그들은 자기 아내를 슬프게 하지만 야수는 뷰티를 즐겁게 해 주었다.

3 Beauty realized at that very moment that she loved the Beast.
   뷰티는 바로 그 순간, 그녀가 야수를 사랑하고 있다는 걸 깨달았다.

4 I wish she were dead! 저 애가 죽어 버리면 좋겠어!

One Point Lesson

They were married to rich and handsome men.
그들은 돈 많고 잘생긴 남자들과 결혼했다.

married: 결혼한 / **married to:** ~와 결혼한
marry: ~와 결혼하다 → marry는 전치사가 필요 없다.

ex. I will **marry** her when I grow up. 난 어른이 되면 그 애와 결혼할 거야.
     I got **married to** a good man. 난 좋은 사람과 결혼했다.

"I have a plan," said the middle sister to the eldest.

"Let's keep Beauty here longer than a week.¹

Then, the Beast will become very angry.

He'll eat Beauty when she goes back to the castle."²

The eldest sister agreed.

She was always jealous because Beauty was more beautiful.

"Let's be really nice to her.³

Then she won't want to leave," said the eldest.

- **plan** 계획
- **Let's + 동사원형** ~하자
- **keep** 붙들어 두다 (keep-kept-kept)
- **then** 그러면
- **eldest** 맏이의, 가장 나이 많은
- **jealous** 시샘하는, 질투하는
- **won't = will not** ~하지 않을 것이다
- **bring** 가져오다 (bring-brought-brought)
- **take a rest** 쉬다

1 **Let's keep Beauty here longer than a week.** 뷰티를 1주일 넘게 여기에 붙들어 두자.
2 **He'll eat Beauty when she goes back to the castle.**
   뷰티가 성으로 돌아가면 그(야수)가 잡아먹을 거야.
3 **Let's be really nice to her.** 그녀(뷰티)에게 아주 잘해 주자.
4 **They said nice things to her.** 그들(언니들)은 그녀에게 듣기 좋은 말을 했다.
5 **You worked so hard. You should take a rest.** 넌 너무 열심히 일했잖니. 좀 쉬어야지.

CHAPTER FOUR Don't Leave Me

For a few days,
the elder sisters were very nice to Beauty.
They brought her gifts.
They worked around their father's house.
They said nice things to her.⁴
"Poor Beauty," said the eldest.
"You worked so hard. You should take a rest."⁵

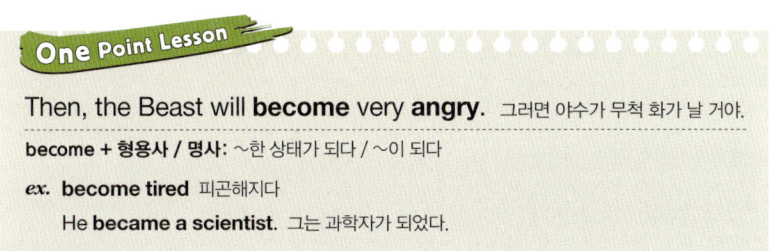

On the sixth day, Beauty went to town,
and hired a good servant.[1]
That evening, Beauty came back home with
the woman.
"I hired a good servant for you, father.
She'll take good care of you.
I'll say good-bye to all of you now."[2]

- sixth 여섯 번째의
- hire 고용하다
- take (good) care of (잘) 보살피다
- just 이제 막, 방금, 딱, 꼭
- get to ~하게 되다
- stay for ~동안 머무르다
- one more week 1주일 더
- stand 견디다, 참다 (stand-stood-stood)

Chapter Four Don't Leave Me

Then, the elder sisters started to cry.

"Oh, you can't leave us," said the middle sister.

"We're just getting to really know you.³

I want to talk to you some more."

"Please, please," said the eldest.

"Stay for one more week."

Beauty couldn't stand to see them sad.⁴

"Alright," she said.

"I'll stay for just one more week."⁵

언니들은 왜 뷰티를 붙잡았나?

a 뷰티가 떠나면 다시는 못 보니까
b 야수를 화나게 해서 잡아먹히게 하려고
c 뷰티가 있는 동안 잘해 주고 싶어서

정답 : q

1 **On the sixth day, Beauty went to town, and hired a good servant.**
   6일째 되는 날, 뷰티는 마을로 가서 유능한 하인을 고용했다.

2 **I'll say good-bye to all of you now.** 이제 난 여러분 모두에게 작별인사를 하겠어요.

3 **We're just getting to really know you.** 우리는 이제 막 너를 진정으로 알아가고 있어.

4 **Beauty couldn't stand to see them sad.**
   뷰티는 그들이 슬퍼하는 모습을 보는 게 견디기 힘들었다.

5 **I'll stay for just one more week.** 딱 한 주만 더 머물게요.

CHAPTER FOUR

Comprehension Quiz

 밑줄 아래의 반대말을 참고해, 야수를 묘사하는 적절한 단어를 넣어 문장을 완성하세요.

① He was _____.
   ↔ handsome

② He was _____.
   ↔ boring

③ He was _____.
   ↔ mean

④ He was _____.
   ↔ stingy

⑤ He made Beauty feel _____.
   ↔ sad

B 본문의 내용과 일치하면 T, 그렇지 않으면 F에 표시하세요.

① Beauty woke up in her father's house.   T F
② Beauty hired a good servant for her father.   T F
③ A week later, Beauty returned to the castle.   T F
④ Beauty liked her sisters' husbands.   T F
⑤ Beauty decided to stay home forever.   T F

*A*nswers

A   ① ugly   ② interesting   ③ kind   ④ generous   ⑤ happy
B   ① T   ② T   ③ F   ④ F   ⑤ F

C 본문의 내용에 맞게 보기에서 적당한 단어를 골라 문장을 완성하세요.

> servant   smile   left

1. My sisters finally got married, and _____ father.
2. The sisters saw her _____, and became very angry.
3. Get a good _____ to take care of your father.

D 문장의 앞부분과 뒷부분을 문맥에 맞게 연결하세요.

1. He'll eat Beauty   · · ⓐ from heaven.
2. You are a gift   · · ⓑ but I'm so sad.
3. I want you to stay   · · ⓒ with me here forever.
4. If you leave me,   · · ⓓ when she goes back to the castle.
5. She looks happy   · · ⓔ I'll be so lonely.

*A*nswers

C ❶ left ❷ smile ❸ servant

D ❶ - ⓓ ❷ - ⓐ ❸ - ⓒ ❹ - ⓔ ❺ - ⓑ

CHAPTER FIVE

I Love You, Beast
야수, 당신을 사랑해요

A few evenings later, Beauty had a terrible dream.
In the dream, she walked around the castle, and looked for the Beast.[1]
There was nobody there.
She called his name, but she didn't hear an answer.

Nearby the castle, she heard a noise.
When she walked toward the noise,
she found the Beast.[2]
He was lying on the ground.
"Oh, Beast! Please don't die," she cried.
"I am so ugly, aren't I?"[3] he growled.
"You could never love a beast like me."[4]

Then the Beast died in her arms.
Beauty woke up and jumped out of bed.
"What am I doing? I'm killing my poor Beast.
I must go to the Beast right now and marry him!"
Beauty wrote a good-bye letter to her father.
Then, she took off her ring,
and fell asleep again.⁵

- **terrible** 무서운, 끔찍한
- **look for** ~을 찾다
- **nearby** 가까이에서, 근처에
- **noise** 소리, 소음, 잡음
- **toward** ~을 향해서
- **find** 찾다 (find-found-found)
- **die** 죽다
- **cry** 외치다, 큰소리로 말하다 (cry-cried-cried)
- **in one's arms** ~의 팔에 안겨
- **out of** ~에서, ~밖으로
- **right now** 지금 당장
- **good-bye letter** 작별 편지
- **fall asleep** 잠들다 (fall-fell-fallen)

1 In the dream, she walked around the castle, and looked for the Beast.
꿈 속에서 그녀는 성 주변을 거닐며 야수를 찾았다.

2 When she walked toward the noise, she found the Beast.
그녀는 소리가 나는 쪽으로 걸어가 야수를 발견했다.

3 I am so ugly, aren't I? 난 너무 추해요, 그렇지 않나요?

4 You could never love a beast like me. 당신은 나 같은 야수를 절대 사랑할 수 없겠죠.

5 Then, she took off her ring, and fell asleep again.
그리고 나서 그녀는 반지를 빼고 다시 잠에 빠졌다.

In the morning, Beauty woke up in the castle.
She walked around, and looked for the Beast.
He was not anywhere.
She thought that he would appear at the dinner table as usual.¹

"Tonight, I'll tell him that I'll marry him."²
That evening, Beauty made herself beautiful.³

□ **anywhere** 〈부정문〉 아무데도
□ **appear** 나타나다, 모습을 보이다
□ **as usual** 평소처럼, 언제나처럼
□ **tonight** 오늘 밤
□ **make oneself beautiful** 자신을 아름답게 꾸미다

1 She thought that he would appear at the dinner table as usual.
   그녀는 그(야수)가 평소처럼 저녁 식탁에 나타날 거라 생각했다.
2 Tonight, I'll tell him that I'll marry him. 오늘 밤 난 그와 결혼할 거라고 그에게 말할 거야.
3 That evening, Beauty made herself beautiful. 그날 저녁, 뷰티는 아름답게 치장했다.

CHAPTER FIVE I Love You, Beast

At dinnertime, she didn't see any food magically appear.[4] The Beast didn't come to dinner, either.[5]

Then Beauty thought, "Maybe he's dead. Maybe he died when I didn't come back to him. Maybe he couldn't live any longer, because I wouldn't marry him."[6]

Check Up

야수가 저녁식사 때 나타나지 않자 뷰티는 무슨 생각을 했는가?

a 야수가 죽었을지도 모른다.
b 야수가 다른 여자와 결혼했을지 모른다.

- dinnertime 저녁식사 시간
- magically 마법으로
- either 〈부정문〉~도 또한, 역시
- any longer 더 이상 오래

4 At dinnertime, she didn't see any food magically appear.
   저녁 식사 시간에 그녀는 마법으로 음식이 나타나는 걸 보지 못했다.

5 The Beast didn't come to dinner, either. 야수 역시 저녁 식사를 하러 오지 않았다.

6 Maybe he couldn't live any longer, because I wouldn't marry him.
   아마도 그는 내가 결혼하지 않으려 해서 더 이상 살 수 없었는지도 몰라.

"Beast! Beast!" she called out.
But there was no answer.
Then she remembered
the place where she found
the Beast in her dream.¹
She ran there very quickly.
She found the Beast lying
in the garden.
Just like in her dream, he seemed to be dying.²

"Beast!" she cried. "You can't die.
You must live with me, and be my husband!³
Please, marry me."

- □ **call out** 소리쳐 부르다
- □ **quickly** 급히, 서둘러
- □ **lie in** ~에 드러눕다, 눕다
- □ **just like** 꼭 ~처럼
- □ **seem to** ~인 것 같다, ~처럼 보이다
- □ **bend over** 몸을 ~위로 굽히다
  (bend-bent-bent)
- □ **dying** 죽어가는
- □ **creature** 동물, 생물, 창조물
- □ **hold** 껴안다 (hold-held-held)
- □ **hairy** 털이 많은, 털투성이의
- □ **cheek** 뺨
- □ **moment** 순간, 때
- □ **bright** 밝은
- □ **flash** 번쩍임, 섬광
- □ **light** 빛

CHAPTER FIVE I Love You, Beast

Then Beauty bent over the dying creature,
and held him in her arms.[4]
Then she kissed the hairy Beast's cheek.
At that moment, she saw a bright flash of light.

1 Then she remembered the place where she found the Beast in her dream.
   그때 그녀는 꿈에서 야수를 발견했던 장소를 기억했다.

2 Just like in her dream, he seemed to be dying.
   꿈에서처럼 그는 죽어가는 것 같았다.

3 You must live with me, and be my husband!
   당신은 저와 함께 살아야 해요, 그리고 제 남편이 되어야 해요!

4 Then Beauty bent over the dying creature, and held him in her arms.
   그리고 나서 뷰티는 죽어가는 동물(야수)에게 몸을 굽혀 팔로 그를 안았다.

In a moment, Beauty found herself inside the castle.[1]

The room was filled with flowers.

Next to Beauty was a very handsome man.[2]

He was dressed like a prince.

She was very confused.

"What's going on here? Where's my dear Beast?"

"I am your Beast, sweet Beauty," the prince said.

"A long time ago, an evil witch cast a spell on me.[3]

She changed me into a beast.

She said that I would never change or grow old until a beautiful woman agreed to marry me.[4]

I lived by myself for hundreds of years.

When you came to my place,

I felt happy for the first time in centuries.[5]

- in a moment 순식간에, 삽시간에
- be filled with ~으로 가득하다
- next to ~의 옆에
- dressed like ~처럼 (옷을) 입은
- confused 당황한, 혼란스러운
- dear 사랑하는, 친애하는
- sweet 귀여운, 상냥한
- evil 나쁜, 사악한
- witch 마녀
- cast a spell 주문(마법)을 걸다
- change into ~로 바꾸다
- grow old 늙다
- until ~까지
- by myself 나 혼자서, 스스로
- for the first time 처음으로
- in centuries 수세기 만에, 수 백년 만에
  cf. century 1세기, 백년
- feel like ~인 것 같다, ~하고 싶다 (feel-felt-felt)
- save 구하다, 살리다
- natural 타고난
- form 모습, 외양
- owe 은혜를 입다, 신세를 지다

CHAPTER FIVE | I Love You, Beast

But when you said you wouldn't marry me,
I felt like I would die.
Then you came back, and said you would marry me.
You saved my life.
And you changed me back to my natural form.
I owe you everything, dear Beauty.
And I love you very much."

1 **In a moment, Beauty found herself inside the castle.**
   순식간에, 뷰티는 성 안에 있는 자신을 발견했다.
2 **Next to Beauty was a very handsome man.** 뷰티 옆에는 아주 잘생긴 남자가 있었다.
3 **A long time ago, an evil witch cast a spell on me.**
   아주 오래 전에 사악한 마녀가 내게 마법을 걸었다오.
4 **She said that I would never change or grow old until a beautiful woman agreed to marry me.** 그녀는 아름다운 여인이 나와의 결혼에 응할 때까지 내가 변하지도 늙지도 않을 거라고 말했지요.
5 **When you came to my place, I felt happy for the first time in centuries.**
   당신이 궁전에 왔을 때, 난 수백 년 만에 처음으로 행복감을 느꼈다오.

At that moment,
a good witch appeared
and said to them,[1]
"I'm glad to see you looking
so handsome again, sir.
Beauty, you finally met a
beautiful person like you.[2]
Truly, you are the most handsome couple
in the whole world.
I will marry you today.
And I will give you happiness for the rest of
your lives.[3]
I will bring you many happy and beautiful children, too."

- **appear** 나타나다
- **sir** 님, 나리 (윗사람-남자에 대한 존칭)
- **finally** 드디어, 마침내
- **couple** 한 쌍, 부부
- **whole** 전체의, 모든
- **happiness** 행복
- **rest** 나머지
- **lives** 〈life의 복수형〉 삶, 인생
- **be born** 태어나다 (bear-bore-born)
- **laughter** 웃음(소리)

1 At that moment, a good witch appeared and said to them, ...
바로 그때 착한 마녀가 나타나 그들에게 말했다.

2 Beauty, you finally met a beautiful person like you.
뷰티야, 넌 마침내 너만큼 아름다운 사람을 만났구나.

3 And I will give you happiness for the rest of your lives.
그리고 나는 그대들이 여생 동안 행복을 누리게 해 주겠어요.

CHAPTER FIVE I Love You, Beast

From that day,
Beauty and her prince were always happy.[4]
They continued having their long talks in the evenings.[5]
And when their children were born,
the halls of the castle were filled with children's laughter.[6]

4 **From that day, Beauty and her prince were always happy.**
   그날부터, 뷰티와 왕자는 언제나 행복했다.

5 **They continued having their long talks in the evenings.**
   그들은 저녁마다 계속 오래도록 얘기를 나누었다.

6 **And when their children were born, the halls of the castle were filled with children's laughter.** 그리고 아이들이 태어나, 궁전의 홀들은 아이들의 웃음소리로 가득했다.

CHAPTER FIVE
Comprehension Quiz

A 다음 그림을 보고 보기에서 알맞은 단어를 골라 문장을 완성하세요.

> crying   happy   dressed   wrote

❶ ❷ ❸ ❹

❶ Beauty _____ a good-bye letter to her father.
❷ They were _____ and laughed often.
❸ She started _____.
❹ He was _____ like a prince.

B 본문의 내용과 일치하면 T, 그렇지 않으면 F에 표시하세요.

❶ A good witch turned Beauty into Beast. T F
❷ Beauty had a terrible dream. T F
❸ The Beast was happy in the Beauty's dream. T F
❹ An evil witch cast a spell on the Beast. T F

*A*nswers

A ❶ wrote ❷ happy ❸ crying ❹ dressed
B ❶ F ❷ T ❸ F ❹ T

C 다음 문장을 보기와 같이 과거형 부정문으로 바꾸세요.

> She *heard some* answer.
> ⇨ She *didn't hear any* answer.

❶ At dinnertime, she saw some food magically appear.
   ⇨ At dinnertime, she _____ food magically appear.

❷ An evil witch cast a spell on me.
   ⇨ An evil witch _____ a spell on me.

❸ You are the most handsome couple.
   ⇨ You _____ the most handsome couple.

D 내용의 전개에 맞게 다음 문장을 다시 배열하세요.

❶ Beauty and the Beast got married.
❷ Beauty stood beside a handsome prince.
❸ Beauty woke up in the castle.
❹ Beauty had a bad dream.
❺ Beauty found the Beast in the garden, just like in the dream.

_____ ⇨ _____ ⇨ _____ ⇨ _____ ⇨ _____

---

*A*nswers

C ❶ didn't see any ❷ didn't cast ❸ were not
D ❹ ⇨ ❸ ⇨ ❺ ⇨ ❷ ⇨ ❶

권말 부록

독해 길잡이 | 리스닝 길잡이

권말부록 ❶
독해 길잡이

영문 독해력 향상을 위한
영어의 **뼈대 읽기 연습**

독해를 잘하기 위한 첫 관문은 영어 문장의 구조를 잘 이해하는 것입니다.
여기서는 영어 문장의 주된 형태와 나열 순서를 파악해 봅시다. 문장의 뼈대을 알면 독해가 보인답니다.

"영문의 골격은 비교적 간단"

모든 영어 문장은 주어와 동사로 이루어져 있습니다. 문장이 아무리 길고 복잡해도 그 골격은 **[주어 + 동사]**이며, **[보어]**와 **[목적어]**는 주어와 동사를 보강해 주는 역할을 하죠.

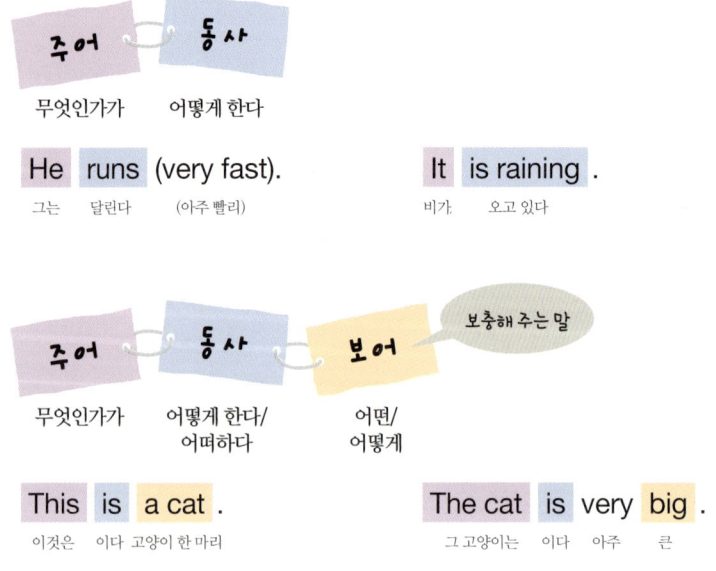

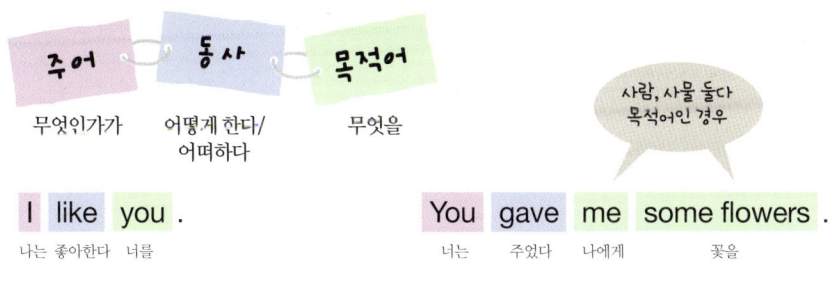

나머지 수식어나 수식절, 부사 등은 모두 기본 문장을 꾸미는 추가 요소라고 생각하면 영문을 읽기가 한결 쉬워집니다. 이상의 기본틀을 가지고 〈미녀와 야수〉의 일부 발췌문을 다시 한번 읽으면서 문장의 뼈대를 파악하는 연습을 해봅시다.

85

Beauty said to her father,
뷰티는 말했다 그녀의 아버지에게

"Please don't cry.
부디 울지 마세요.

We have each other and our good health.
우리는 가지다 서로를 그리고 우리의 건강을

Money is not important."
돈은 ~이지 않다 중요한

Her sisters started to pull their hair out.
그녀의 언니들은 시작했다 뽑기를 그들의 머리칼을

"Oh, father," the eldest daughter cried.
오, 아버지 첫째 딸이 소리쳤다

"What will we do now?"
우린 이제 뭘 해야 하나요?

"You'll have to work," he said, very sadly.
너희들은 일을 해야 한다 그는 말했다 매우 슬프게

The middle daughter was angry and said,
가운데 딸은 이었다 화가 난 그리고 말했다

"We can't work. No rich man will want to marry us!"
우리는 일할 수 없어요 어떤 부자도 원하지 않을 거예요 결혼하기를 우리와

One day, her father came home with a big smile.
어느 날 그녀의 아버지는 왔다 집에 커다란 미소를 지으며

"I just heard some good news," he said.
나는 방금 들었다 좋은 소식을 그는 말했다

One of my ships didn't sink.
내 배들 중 하나가 가라앉지 않았다

It 's bringing back lots of gold for us.
그것은 가져오고 있어 많은 금을 우리를 위해서

We 'll be rich again!"
우리는 될 거야 부유한 다시

Beauty smiled at her father.
뷰티는 미소 지었다 아버지에게

" That 's great news .
그것은 이다 굉장한 소식

I 'm so glad to see you happy again."
저는 이다 정말로 기쁜 아버지가 다시 행복한 것을 봐서

The two elder sisters jumped up for joy.
두 언니들은 펄쩍 뛰어올랐다 기쁨으로

" We 're rich ! We 're rich !" they shouted.
우린 이다 부자인 우린 이다 부자인 그들은 소리쳤다

The next morning, Beauty's father woke up early.
다음 날 뷰티의 아버지는 일어났다 일찍

He had to meet his ship at the port.
그는 마중 나가야만 했다 그의 배를 항구에서

"Good-bye, girls. I 'm going to the port now," he said.
잘 있거라, 애들아. 나는 갈 것이다 항구로 이제 그는 말했다

The elder sisters jumped out of bed and ran to their father.
위의 언니들은 뛰쳐나왔다 침대 밖으로 그리고 달려갔다 아버지에게로

" We had to eat bad food and wear ugly clothes ," they said.
우리는 먹어야 했다 나쁜 음식을 그리고 입어야만 했다 흉한 옷들을 그들은 말했다

" Will you bring us a present ?
당신은 가져오실 건가요 우리에게 선물을

87

권말부록 ❷
리스닝 길잡이

이제는 본문의 이야기를 귀로 즐겨 봅시다.
아래의 듣기 요령과 함께 영어의 특징적인 발음 현상 몇 가지만 알고 있으면
영문을 훨씬 쉽게 알아들을 수 있습니다.

첫째 영어의 리듬을 타세요.

우리말은 각 글자가 모두 한 박자씩이라면 영어는 절대 그렇지 않습니다. 영어는 발음이 강한 부분과 약한 부분이 연속되면서 리듬을 만들어 냅니다. 즉 단어의 강세가 문장의 강세가 되어 각 문장마다 고유한 리듬을 만들어 나가게 되는 것입니다. 따라서 영어를 말하거나 들을 때 리듬을 타는 것은 필수적입니다. 이 리듬이 몸에 익으려면 연습이 많이 필요합니다. 우선 각 단어의 강세가 어디에 있는지 파악하는 것부터 시작합시다.

둘째 강하게 들리는 말 위주로 들으세요.

영어에서는 의미를 전달하는 데 중요한 역할을 하는 단어나 표현을 강하게 발음합니다. 따라서 크게 들리는 말부터 신경 쓰세요. 영어를 처음 들을 때는 모든 단어를 다 듣는 것보다는 자기가 듣는 말이 무슨 의미인지 파악하는 것이 우선입니다. 작게 들리는 말은 대부분 관사나 조동사 등 전체 내용에서 주요한 역할을 하지 못하는 것입니다. 지금 단계에서는 무시하셔도 좋습니다.

셋째 이어지는 말에 주의하세요.

영어는 눈으로 볼 때는 단어들이 각각 떨어져 있어 문제가 없지만 들을 때는 사정이 달라집니다. 우리말과 마찬가지로 영어도 옆의 단어와 음이 합쳐지는 경우가 많습니다. 예를 들어 '옷을 벗다'의 의미인 take off는 [테이크 어프]가 아니라 [테이커프]처럼 한 단어처럼 들리게 됩니다.

★ 이제 영어 리스닝에서 주의해야 할 매우 기본적인 사항을 알게 되었습니다.

나도 미국인 성우!
섀도잉하기

이번에는 영어를 들으면서 한 가지 재미있는 연습을 해봅시다.
섀도잉(shadowing)이라는 것입니다. shadow가 '그림자'란 의미이죠? 이 단어가 동사로는 '그림자처럼 따라다니다'의 뜻이 있습니다. 음원을 듣고 성우가 하는 말을 몇 박자 뒤에 그대로 따라하는 것입니다. 성우가 말하는 속도, 그리고 힘을 주는 부분, 약하게 읽는 부분, 말을 멈추는 부분을 앵무새처럼 똑같이 따라해 보세요.
자기도 모르는 사이에 영어 말하기와 듣기 실력이 쑥쑥 늘 것입니다. 이 방법은 전문가들 사이에서도 효과가 입증되어 있답니다. 물론 각각의 어구와 문장들이 무슨 뜻인지 생각하면서 읽어야겠죠.

1단계 자기가 따라할 수 있는 부분까지 듣고 음원을 멈춘다. 그리고 큰 소리로 따라한다.

2단계 자기가 따라할 수 있는 부분까지 듣고 큰 소리로 따라한다. 소리 내어 말하는 동시에 음원에서 나오는 소리를 들으며 돌림노래 부르듯 따라한다.

3단계 갈수록 좀더 많이(한 문장 정도) 듣고 섀도잉한다.

※주의 : 항상 자신이 어떤 내용을 읽고 있는 건지 생각하세요!

즐거운
리스닝 연습

CHAPTER ONE : page 12

Once, there was a rich (❶) in a big town. He had many ships. They brought (❷) ( ) gold from all over the world. He also had three (❸).

❶ **merchant** [머r츠] 1음절에 강세가 있다. 강세가 있는 음절의 다음 음은 상대적으로 매우 약하게 들린다.

❷ **lots of** [라쎄(ㅂ)] lots의 -s와 of가 이어져 한 단어처럼 들린다. 특히 of는 앞의 단어가 자음으로 끝나면 십중팔구 연음되며 of의 /v/음은 들리지 않는 경우가 많다.

❸ **daughters** [도러ㅈ] 1음절에 강세가 있다. [도터]가 아닌 데 주의하자. 모음 사이의 t가 /r/이 되었다. 이것은 미국 영어의 대표적인 발음 현상이다.

다음은 〈미녀와 야수〉의 앞부분입니다. 처음이 잘 들리면 계속해서 부담이 없지요. 우선 이 앞부분을 들어 보세요. 그리고 괄호 안이 어떻게 들리는지 귀 기울이십시오. 또한 이어지는 각 발음에 대한 설명을 잘 읽어 보세요. 영어의 대표 발음 현상을 위주로 알기 쉽게 해설했으므로 여기에 나오지 않는 부분도 문제없이 들을 수 있을 것입니다.

CHAPTER TWO : page 26

When the old man walked home, the weather (❶) terribly cold. (❷) ( ) man (❸) ( ) and very cold. He thought it would be so miserable to sleep in the cold.

❶ **became** [브케임] 2음절에 강세가 있어, 앞의 be- 발음이 매우 약하게 들린다. 때로는 came으로 착각할 수도 있다.

❷ **The old** [디오울ㄷ] 1음절이 모음으로 소리 나는 단어 앞의 the는 [디]로 소리 난다. 그리고 여기서 old는 [올드]가 아니다. 마지막 /d/음은 거의 들리지 않는다.

❸ **was sad** [워새ㄷ] was의 s와 sad가 만나면서 두 개의 s가 한 번에 발음된다. 같거나 비슷한 음이 연속해서 오면 한번에 발음되는 경향이 있다. 절대 [워즈 새드]로 들리지 않는다.

CHAPTER THREE : page 42

> The (❶) ( ), Beauty left for the castle. She asked people for (❷). The castle was very famous, because it was the (❸) one around. At sunset, she reached it. Beauty (❹) ( ) the castle. Like her father, she saw nobody.

❶ **next morning** [넥스모닝] next와 morning이 곧바로 이어지면서 t음이 탈락했다. 자음이 연속해서 3개 이어지면 가운데 자음은 소리 나지 않는다.

❷ **directions** [드렉션ㅈ] 2음절에 강세가 있어, 앞의 di– 발음이 매우 약하게 들린다. /i/나 /ə/는 강세를 받지 못하면 종종 /으/로 변해 작게 소리 난다.

❸ **biggest** [비기ㅅㅌ] 첫 음절에 강세가 있다. 뒤쪽의 –st는 '스트' 하고 딱딱 끊어 발음하게 보다는 '으'가 없다고 생각해 'ㅅㅌ' 하고 빠르게 지나가듯 소리 낸다.

❹ **looked around** [룩터라운(ㄷ)] 두 단어가 이어져서 발음된다. around는 앞의 a가 거의 발음되지 않아 round로 혼동하기 쉽다.

CHAPTER FOUR : page 56

> A week later, the Beast returned to the dining room. He looked (❶) and sad. "Beauty," he said. "I know (❷) I'm a beast. And I know that a beauty (❸) never marry a beast. Please, I'll just ask one thing of you. I (❹) ( ) to stay with me here forever.

❶ **embarrassed** [음배러ㅅㅌ] 강세가 있는 2음절 -bar-의 모음은 입을 양 옆으로 힘주어 벌리면서 [애-] 하고 소리 낸다.

❷ **that** [덧] 관계사 that는 의미상 중요한 역할을 하지 않기 때문에 [댓]처럼 명확하게 발음되는 경우가 거의 없다. [듯], [덧]식으로 약하게 소리 나고 지나간다.

❸ **could** [쿠드] 마찬가지로 조동사 could도 약하게 발음되는 경우가 많다. [쿠드]보다는 [컷], [크ㄷ]처럼 작게 스치듯 소리 난다.

❹ **want you** [원츄] want의 t와 you[ju]가 이어지면 [tʃ]로 소리 난다.

CHAPTER FIVE : page 70

A few evenings later, Beauty had a terrible dream. In the dream, she walked around the castle, and (❶) ( ) the Beast. There was nobody there. She called his name, but she (❷) hear an answer.

❶ **looked for** [룩f퍼] looked와 for가 이어지면서 -ed[t]음이 사라졌다. 자음이 3개 연속되면서 가운데 음이 탈락했기 때문이다. 이런 경우 현재형 look for와 헷갈릴 수 있다. 과거형 -ed는 잘 들리지 않는 경우가 많다. 앞뒤 문맥으로 구별해내는 수밖에 다른 방법은 없다.

❷ **didn't** [디든] didn't의 t는 소리가 들리는 경우가 거의 없다. didn't 자체가 문장 안에서 곧잘 작게 발음되기 때문이다.

Listening Comprehension

A 다음 문장을 듣고 괄호 안의 두 단어나 표현 중 맞는 것에 동그라미 하세요.

1. Beauty (**turned** / **returned**) to her home.
2. Beauty (**wants** / **went to**) the Beast's Castle.
3. The ships have arrived at the (**port** / **fort**).
4. May I have (**supper** / **suffer**) with you?
5. The old merchant (**lost** / **roast**) all of his money.
6. Beauty (**found** / **find**) the Beast dying.

B 다음을 듣고 빈칸을 채워 문장을 완성하세요.
(힌트: 빈칸의 단어는 앞서 나온 문장 중 한 단어의 반대말입니다.)

1. They don't live in the city anymore.
   Now they live in the _____.
2. These clothes are not cheap.
   They are _____.
3. He isn't greedy at all.
   In fact, he's quite _____.
4. She is not a good witch at all.
   She's an _____ witch.
5. Beauty can't leave the castle.
   She must _____.

*A*nswers

A ① returned ② went to ③ port ④ supper ⑤ lost ⑥ found
B ① country ② expensive ③ generous ④ evil ⑤ stay

007.MP3

C 다음 문장을 듣고 이 글의 내용과 일치하면 T, 일치하지 않으면 F에 체크하세요.

❶ _____ T F
❷ _____ T F
❸ _____ T F

D 질문을 듣고 내용에 가장 알맞은 대답을 고르세요.

❶ _____ ?

    (a) Nice clothes.

    (b) Good food.

    (c) A rose.

❷ _____ ?

    (a) It sunk.

    (b) It was robbed by pirates.

    (c) It burned down.

❸ _____ ?

    (a) Because he took a rose.

    (b) Because he didn't paid for his food.

    (c) Because he slept late.

---

*A*nswers

C ❶ The Beast was always ugly. (F) ❷ The merchant was always poor. (F)
    ❸ Beauty was better-looking than her sisters. (T)

D ❶ What gift does Beauty ask for? (c) ❷ What happened to the Merchant's last ship? (b)
    ❸ Why was the Beast angry with the merchant? (a)

전문 번역

[제 1 장] 장미 한 송이만 가져다 주세요

p. 12-13 옛날, 어느 큰 도시에 부자 상인이 살았다. 그는 많은 배를 소유하고 있었다. 배들은 세계 도처에서 많은 금을 가져왔다.

그에게는 세 명의 딸도 있었다. 언니 둘은 자기들이 제일 예쁜 줄 알았다. 그들은 값비싼 옷만 입으려 했다. 그들이 생각하는 거라곤 오직 돈 많은 남자와 결혼하는 것이었다.

막내는 달랐다. 그녀가 가장 아름다운 딸이었다. 사실, 그녀에 관한 모든 것이 아름다웠다. 이것이 그녀의 이름이 '뷰티'인 이유이다.

p. 14-15 어느날 갑자기, 그 부유한 상인은 모든 걸 잃었다. 배가 전부 침몰한 것이다. 이제 그에게는 조그만 시골집 한 채만 달랑 남았다. 늙은 상인은 일어난 일을 딸들에게 얘기했다. 뷰티가 아버지에게 말했다. "울지 마세요. 우리 모두 함께 있고 건강하잖아요. 돈은 중요하지 않아요."

언니들은 머리를 잡아뜯기 시작했다. "아, 아버지, 우린 이제 뭘 하죠?" 큰딸이 외쳤다.

"일을 해야겠지." 아버지가 매우 비통하게 대답했다.

둘째 딸은 화가 나서 말했다. "우린 일 못해요. 부자들이 우리랑 결혼하고 싶어하지 않을 거예요!"

p. 16-17 "읍내로 가자." 큰딸이 말했다. "제일 먼저 청혼하는 남자와 결혼하는 거야."

두 언니는 가장 좋은 드레스를 차려입었다. 그들은 읍내로 가 남편감을 찾아다녔다. 하지만 사람들 모두 그 상인의 불운한 일을 알고 있었다.

둘째 딸이 한 남자에게 말했다. "전 결혼할 준비가 되었어요."

"난 당신의 돈 때문에 당신과 결혼하고 싶었을 뿐이라오!" 하고 남자는 말했다.

또 다른 남자는 큰딸에게 말했다. "마음이 바뀌었소. 당신은 빈털터리잖소."

그런데 한 남자가 뷰티에게 달려와 말했다. "나와 결혼해 주시오. 우린 행복하게 살 수 있을 거요."

하지만 그녀는 아버지 곁을 떠날 수 없었다. "아버지가 연로하세요. 전 아버지 곁에 있어야 해요."

p. 18-19　그들 가족은 시골집으로 이사했다. 언니들은 끊임없이 불평을 해댔다. 그들은 일은 전혀 하지 않았다. 하지만 뷰티는 매일 열심히 일했다. "내가 일하지 않으면 우리 아버지가 굶게 될 거야."라고 그녀는 생각했다.

어느날 아버지가 만면에 미소를 띠며 집에 들어오셨다. "방금 좋은 소식을 들었단다." 그가 말했다. "내가 가진 배 중 한 척이 침몰하지 않았다는구나. 그 배가 우리에게 금을 많이 가져다 줄 거야. 다시 부자가 되는 거지!" 뷰티는 아버지를 보며 미소지었다. "굉장한 소식이네요. 아버지가 행복해하시는 모습을 다시 보니 너무 기뻐요."

두 언니는 기쁨에 날뛰었다. "우린 부자야! 부자라고!" 그들이 소리쳤다.

p. 20-21　다음날 아침, 뷰티의 아버지는 일찍 일어났다. 항구로 배를 마중 나가야 했다.

"잘 있거라, 딸들아. 난 항구로 간다." 그가 말했다.

언니들은 침대에서 벌떡 일어나 아버지에게 달려갔다. "우린 맛없는 음식만 먹고 볼썽사나운 옷만 입어야 했잖아요." 그들이 말했다. "저희에게 선물을 가져오실 거죠? 저흰 초콜릿이랑 비단 드레스가 좋겠어요."

"알았다. 너희가 원하는 걸 가져다주마." 그가 말했다. "너는 어떻니, 뷰티야? 뭘 구해 올까?"

뷰티는 원하는 게 아무것도 없었다. 그녀는 그저 아버지가 행복해하는 모습을 볼 수 있다는 것만으로 만족했다. 단 한 가지 소박한 것이 그녀의 머리에 떠올랐다. "장미 한 송이만 가져다주세요." 그녀가 말했다.

p. 22-23　그런 다음 아버지는 그들에게 작별인사를 하고 길을 나섰다. 노인은 항구까지 걸어서 갔다. 1주일도 더 걸렸다. 그는 거기에 도착해서 끔찍한 소식을 들었다. 마지막 남은 배에는 돈이 하나도 없었다. 해적들에게 약탈당한 것이다. 그들이 모조리 다 가져가 버렸다.

뷰티의 아버지는 땅에 주저앉아 울기 시작했다. "난 저주받은 게 틀림없어." 그는 생각했다. 서글피 그는 집으로 다시 걸어오기 시작했다.

[제 2 장] 왜 내 장미를 훔쳤느냐?

p. 26-27　노인이 집으로 돌아가는 길에 날씨가 지독하게 추워졌다. 노인은 슬펐고 매서운 추위에 떨었다. 추위 속에서 잠을 자는 것은 너무나 비참할 거라고 그는 생각했다.

해가 질 무렵 상인은 성을 발견했다. "저 성에 마음씨 착한 왕자가 살지도 몰라. 그는 오늘 밤 내게 잠자리를 내줄 거야." 그가 말했다.

상인은 성문으로 다가가 "누구 계세요?" 하고 외쳤다. 아무런 대답이 없었다. 창문을 통해 들여다보니 벽난로에 불이 피워져 있었다. 벽난로 옆에는 식탁이 있었다. 식탁 위에는 감자를 곁들인 구운 닭요리, 케이크, 따뜻한 커피가 놓여져 있었다. 음식은 너무나 먹음직스러워 보였고 성 안은 무척 따뜻해 보였다.

그는 안으로 들어가 자리에 앉아 음식을 전부 먹어치웠다. 저녁 식사를 마치고서 그는 안락한 침대에 누워 잠이 들어 버렸다.

p. 28-29 아침에 일어나니 노인은 기분이 좋았다. 식탁에 푸짐한 아침 식사가 차려져 있는 게 보였다. 늙은 상인은 그 성의 주인에게 고마움을 느꼈다. 그는 주인이 누군지는 몰랐다. 하지만 그는 춥고 배고픈 밤을 피할 수 있었다.

노인은 성주에게로 가서 감사하다는 말을 하기로 마음먹었다. 그는 집을 죽 걸어다녀 보았다. 수많은 아름다운 가구들과 커다란 방을 구경했다. 하지만 사람은 보이지 않았다. 그래서 그는 텅 빈 성에다 대고 고맙다고 했다. "고맙소! 당신이 누구든 말이오!" 그는 크게 외쳤다.

p. 30-31 노인은 길을 나서다 정원을 보았다. 장미 덤불이 있었다. 그는 뷰티의 부탁이 기억났다.

노인이 장미 한 송이를 꺾자마자 요란하게 으르렁대는 소리가 들렸다. 상인은 벌떡 일어났다. 그리고 야수가 자기를 향해 달려오는 것을 보았다.

"이 추악한 도둑놈아!" 야수가 으르렁댔다. "네 놈에게 음식과 잠자리를 주었더니만, 넌 도대체 무슨 짓을 하는 거냐? 내 장미를 훔치다니! 이제 넌 대가를 치르게 될 거야. 오늘이 네 제삿날인 줄 알아라!"

쿵! 쿵! 노인의 심장이 쿵쾅거렸다. "제발, 주인님. 제발 용서해 주세요. 당신을 화나게 하려던 건 아니었습니다. 막내딸에게 줄 장미 한 송이가 갖고 싶었을 뿐입니다." 그가 말했다.

"그건 내가 상관할 바 아니다! 그리고 '주인님'이라고 부르지 마. 내 이름은 '야수'다. 그게 바로 내 모습이지."

p. 32-33 그런 다음, 야수는 생각해 보았다. "네게 딸이 하나 있다고 했겠다? 집으로 돌아가도 좋다. 하지만 네 딸을 나에게로 보내야 한다. 네 딸이 이리로 오지 않는다면 너와 네 가족을 몰살시켜 버리겠다!"

노인은 야수가 농담하는 게 아니라는 걸 알고 있었다. 하지만 상인은 딸을 보내지 않을 작정이었다. "야수님." 노인이 말했다. "문제가 있습니다. 전 우리 딸을 보낼 여비가 없답니다. 거기다 우리 가족 중에 뷰티 말고는 아무도 일하지 않습니다. 그 아이가 없으면 나머지 가족은 굶어 죽을 거예요."

"그런 건 걱정 마라." 야수가 말했다. "내 성에서 금을 가져가거라. 아주 많이 있다. 가족에게 금을 갖다주어라."

p. 34-35 노인은 금을 한 자루 들고 집으로 터덜터덜 걸어가기 시작했다. 집에 도착하니 노인은 피곤하고 매우 슬펐다. 큰딸들은 아버지 얼굴을 살펴보고 한숨을 쉬었다. 뭔가 잘못됐다는 걸 알아챈 것이다.

"내가 맞춰 볼게. 마지막 남은 배가 침몰했고 우린 여전히 가난뱅이인 거야." 큰딸이 말했다.

"돈 걱정은 하지 마라. 그거라면 아주 많이 있다." 상인이 말했다. 그가 가방을 열자 금이 바닥 여기저기로 흘러 떨어졌다. 언니들은 금을 주머니에 집어넣기 시작했다.

뷰티는 아버지를 보며 말했다. "아버지가 걱정돼요. 너무 슬퍼 보이세요."

"사실, 이 선물 때문에 슬프구나." 아버지가 말했다. 그는 장미를 꺼내서 뷰티에게 주었다. 그리고는 딸들에게 야수, 성, 장미에 대한 비통한 얘기를 해 주었다.

98

p. 36 언니들은 아버지의 얘기에 시큰둥했다. 그들은 금을 가지고 노는 게 즐거울 뿐이었다. 하지만 뷰티는 눈물을 그칠 수가 없었다. "이, 너무 끔찍해요. 이건 다 저 때문이에요."

잠시 후에 뷰티가 조용히 말했다. "아버지, 제가 야수에게 가겠어요."
뷰티의 아버지는 자기 딸을 바라보았다.
"선택의 여지가 없어요." 그녀가 말했다. "제가 가지 않으면 야수가 아버지와 우리 가족 모두를 죽일 거잖아요."

그녀는 굳게 결심한 듯했다. 그녀에게 가지 말라고 해도 소용없었다. 뷰티는 항상 자기가 말한 것을 행동에 옮기는 사람이었다.

[제 3 장] 야수가 날 잡아먹을 거야

p. 42-43 다음날 아침, 뷰티는 성을 향해 떠났다. 그녀는 사람들에게 가는 길을 물었다. 그 성은 주변에서 가장 큰 건물이라 아주 유명했다. 해질 무렵 뷰티는 성에 당도했다.

뷰티는 성을 둘러보았다. 아버지와 마찬가지로 그녀는 아무도 보지 못했다. 그녀가 "여보세요!" 하고 외쳤지만 아무도 대답하지 않았다.

그녀는 안으로 들어가 음식이 차려진 테이블을 보았다. 뷰티는 생각했다. "이 야수가 날 살찌우려 하는 게 틀림없어. 날 잡아먹을 모양이군." 뷰티는 테이블 위의 음식을 모두 먹었다.

저녁 식사 후에 그녀는 성 여기저기를 걸어다녔다. 멋진 커튼과 값진 카펫이 있었지만 사람은 아무도 없었다. 수천 권의 책이 꽂힌 서재도 보았다. 하지만 책을 읽는 사람은 아무도 없었다. 그런 다음 뷰티는 어떤 문 앞으로 갔다. 문에는 '뷰티의 방'이라고 쓰여 있는 팻말이 붙어 있었다.

p. 44-45 "이게 내 방인가? 어쩌면 그가 날 죽이지 않을지도 모르겠네. 근데 내 이름은 어떻게 알았지?" 그녀가 생각했다.

뷰티는 문을 열고 안으로 들어갔다. 그녀는 방을 보고 몹시 놀랐다. 그 방은 아름다운 물건들로 가득했다. 그 방은 뷰티만큼이나 아름다웠다. 소녀는 그 안에 있으니 너무 행복했.

그녀는 미소 지으며 침대 위로 뛰어 올랐다. 금빛의 책이 침대 위에 놓여 있었다. 제목은 '뷰티의 책'이었다. 그녀는 책을 펼쳐 첫 번째 페이지를 읽었다. 거기에는 이렇게 쓰여 있었다. "환영합니다, 뷰티님. 아무것도 걱정하지 마세요. 성에 있는 그 누구도 당신을 해치지 않을 겁니다. 당신은 이곳의 공주입니다. 뭐가 필요한 게 있으면 그냥 말만 하세요. 투명 인간들이 당신이 원하는 걸 가져다줄 겁니다."

p. 46 "불쌍한 우리 아버지가 보고 싶어. 무척 슬퍼하고 계실 거야." 뷰티가 이렇게 말하자마자 그녀의 집 영상이 앞에 있는 거울에 나타났다. 아버지가 아끼는 의자에 앉아 계시는 게 보였다. 그는 너무 슬퍼 보였다. 두 언니가 금을 갖고 노는 모습도 보였다. 그녀는 "아버지는 곧 나 없이 사는 데 익숙해지실 거야." 하고 생각했다.

잠시 후에 그녀는 가족들을 생각하며 잠이 들었다.

p. 48-49 뷰티는 그 다음 날을 혼자서 보냈다. 저녁에 잘 차려진 저녁 식사를 하려고 자리에 앉았다. 그녀가 나이프와 포크를 들었을 때 그녀 뒤에서 부드럽게 으르렁거리는 소리가 들렸다.

"뷰티," 야수가 말했다. "당신과 함께 식사해도 될까요?"

"당신의 성이잖아요. 당신 마음대로 할 수 있어요." 뷰티가 대답했다.

"아니," 야수가 말했다. "당신이 이 성의 공주요. 당신이 결정하시오. 난 당신이 불편한 건 바라지 않소."

"당신은 참 점잖으신 것 같아요." 그녀가 말했다.

야수는 추한 눈썹을 치켜세웠다. 그는 그녀가 이런 말을 하리라고는 생각도 못했다.

"당신은 참 부드럽게 말씀하시는군요." 뷰티가 말을 계속 이었다. "당신의 속마음은 더 멋질 거예요."

"아, 그건 잘 모르겠지만. 그렇게 말해주니 고맙소." 야수가 수줍어하며 대답했다. "당신과 함께 식사하겠소."

p. 50-51 그날 밤 뷰티와 야수는 앉아서 함께 식사했다. 그들은 이야기하며 오랜 시간을 보냈다. 저녁이 끝나갈 무렵 뷰티는 야수가 그렇게 무섭지 않다고 생각했다.

매일 저녁, 야수는 뷰티와 함께 저녁 식사를 했다. 그 둘은 많은 얘기를 나누었다. 하지만 야수는 매일 밤 한 가지를 물었다. "내가 얼마나 추한가요?"

뷰티는 언제나 "당신의 마음은 아름다워요."라고 대답했다. 그녀는 정말로 그렇게 생각했다.

"내가 착할지도 모르겠지만, 그래도 야수는 야수죠." 그가 말했다.

이상한 일이 일어났다. 뷰티는 야수가 전혀 추하지 않다고 생각하기 시작한 것이다. 그녀의 눈에는 그가 멋있어진 것 같았다.

야수는 뷰티가 절대 거짓말하지 않는다는 걸 알고 있었다. 그는 자기가 잘생겼다고 생각하지는 않았다. 하지만 뷰티가 자기의 내면에서 뭔가 멋진 걸 발견했다는 것은 믿었다.

p. 52-53 야수는 뷰티를 처음 봤을 때부터 사랑에 빠졌다. 문제는 그녀가 그를 사랑할 수 없다는 것이었다. "흉측한 야수를 사랑하긴 힘들지." 그는 생각했다.

그는 종종 그들의 결혼한 모습을 상상했다. 그건 어려운 일이 아니었다. 그들은 같은 지붕 아래에서 잠자고 같은 음식을 먹었다. 매일 저녁 그들은 남편과 아내처럼 몇 시간씩 이야기를 나누었다. 하지만 한 가지 빠진 게 있었다. 뷰티는 그를 사랑하지 않는다는 것이다.

그 후 어느 날 그는 자기 감정을 감출 수가 없었다. "당신을 사랑합니다, 뷰티." 그가 말했다. "나와 결혼해 주십시오."

그녀는 자리에 앉아 야수를 오래도록 바라보았다. "당신은 친절하고 점잖으세요." 뷰티가 말했다. "하지만 당신은 야수예요. 그리고 전 야수와 결혼한다는 게 상상이 되지 않아요. 죄송해요."

야수는 으르렁대며 달아나버렸다. 그날 밤 이후 그는 1주일 동안 방에서 꼼짝하지 않았다. 뷰티는 혼자서 저녁 식사를 해야 했다.

[제 4 장] 나를 떠나지 마오

p. 56-57 1주일 후에 야수는 다시 식당으로 왔다. 그는 무안하고 슬퍼 보였다. "뷰티," 그가 말했다. "내가 야수라는 건 나도 압니다. 그리고 미인은 야수와 절대 결혼할 수 없다는 것도 압니다. 부디, 한 가지만 부탁하겠소. 당신이 여기서 나와 함께 영원히 살기를 바라요. 우리 친구가 됩시다. 당신이 떠나면 난 너무 외로울 거요. 슬퍼서 죽어버릴 것만 같아요."

뷰티는 땅을 내려다보며 얼굴을 붉혔다. "미안해요, 야수님." 그녀가 말했다. "전 아버지에게 돌아가야 해요. 어제 요술 거울로 아버지를 보았어요. 그는 혼자 살고 계세요. 언니들이 마침내 결혼해서 아버지 곁을 떠났거든요. 그분을 돌볼 누군가가 필요해요."

p. 58-59 "이해해요, 뷰티. 당신은 너무 착해요." 야수가 말했다. "당신이 아버지와 함께 있어야 한다는 거 알아요. 하지만 난 더 이상은 혼자 지낼 수 없소. 1주일간 집에 가세요. 당신 집으로 돈을 많이 보내겠소. 아버지를 수발할 유능한 하인을 구하세요. 하인이 아버지를 돌볼 수 있을 거요. 그런 다음 나에게 돌아오도록 해요. 당신이 돌아오지 않으면 난 상심해서 죽게 될 거요." 그가 말했다.

"좋아요, 야수님." 뷰티가 말했다. "아버지는 절 다시 보는 것만으로도 기뻐하실 거예요."

"이 반지를 받으시오." 야수가 말했다. "그걸 끼세요. 나한테 돌아오고 싶을 때 잠자리에 들기 전에 그 반지를 빼놓으시오. 아침에 여기 성 안에서 깨어나게 될 거요."

p. 60-61 뷰티는 반지를 끼고 잠자리에 들었다. 아침에 그녀는 아버지의 집에서 깨어났다. 방 한 켠에 상자 하나가 보였다. 그 상자는 금과 아름다운 드레스로 꽉 차 있었다. 드레스는 보석과 은으로 만든 것들이었다. 뷰티는 이것들이 야수가 보낸 선물이라는 걸 알고 있었다.

"고마워요, 야수님." 그녀는 혼잣말을 했다.

외로움에 지친 늙은 상인은 뷰티를 보자 울음을 터뜨렸다. 그의 눈물은 기쁨의 눈물이었다. "너는 천상에서 내려온 선물이다." 그가 말했다. "난 야수가 널 잡아먹은 줄 알았다." 상인은 딸을 오랫동안 안고 있었다. 두 사람은 너무나 행복했다.

p. 62-63 며칠 후에 언니들이 남편과 함께 찾아왔다. 그들은 돈 많고 잘생긴 남자와 결혼했지만 그다지 행복해 보이지 않았다. 그건 남편들 때문이었다.

뷰티는 형부들을 보자 야수 생각이 많이 나기 시작했다. 그들은 잘생겼지만 그는 못생겼다. 그들은 따분하지만 야수는 재미있었다. 그들은 비열하지만 야수는 착했다. 그들은 인색하지만 야수는 관대했다. 그들은 아내를 슬프게 하지만 야수는 뷰티를 즐겁게 해주었다.

야수 생각을 하니 뷰티는 절로 미소가 지어졌다. 바로 그 순간 뷰티는 야수를 사랑하고 있다는 걸 깨달았다.

둘째 언니는 뷰티의 미소를 보고 몹시 화가 났다. "쟤는 행복한 것 같군. 난 슬픈데. 참을 수 없어! 저 애가 죽어 버리면 좋겠어!"

101

p. 64-65 "나한테 좋은 수가 있어." 둘째 언니가 큰 언니에게 말했다. "뷰티를 1주일 넘게 여기에 붙들어 두자. 그러면 야수는 엄청 화가 날 테지. 뷰티가 성으로 돌아가면 그가 잡아먹어 버릴 거야."

큰 언니가 동의했다. 그녀는 뷰티가 자기보다 아름다워서 항상 질투하고 있었다.

"뷰티에게 아주 잘해 주자. 그러면 떠나고 싶지 않을 거야." 큰 언니가 말했다.

며칠간 언니들은 뷰티에게 잘 대해 주었다. 선물도 주고 아버지 집에서 일도 했다. 뷰티에게 듣기 좋은 말도 했다. "가엾은 우리 뷰티." 큰 언니가 말했다. "넌 너무 열심히 일했잖아. 좀 쉬어야 해."

p. 66-67 6일째 되는 날, 뷰티는 읍내로 가서 좋은 하인을 고용했다. 그날 밤 뷰티는 그 여인과 집으로 돌아왔다. "아버지, 아버지를 위해서 유능한 하인을 구했어요. 그녀가 아버지를 잘 돌봐 드릴 거예요. 이제 전 여러분 모두에게 작별인사를 하겠어요."

그러자 언니들은 울음을 터뜨렸다. "아, 떠나지 마." 둘째 언니가 말했다. "우리는 이제야 너를 진정으로 알아가고 있어. 너와 좀 더 얘기를 나누고 싶구나."

"제발, 부탁이야." 큰 언니가 말했다. "1주일만 더 있다 가라."

뷰티는 그들이 슬퍼하는 모습을 보기가 힘들었다. "좋아요." 그녀가 말했다. "딱 1주일 더 머물게요."

[제 5 장] 야수, 당신을 사랑해요

p. 70-71 며칠 밤이 지나고 뷰티는 무서운 꿈을 꾸었다. 꿈에서 그녀는 성 안을 돌아다니며 야수를 찾고 있었다. 거기에는 아무도 없었다. 그녀는 그의 이름을 불렀지만 대답이 들리지 않았다.

성 근처에서 무슨 소리가 들렸다. 소리가 나는 쪽으로 걸어가자 그녀는 야수를 발견했다. 그는 땅 위에 쓰러져 있었다. "아, 야수님! 죽으면 안 돼요." 그녀가 외쳤다.

"나는 너무 흉측해, 그렇지 않소?" 그가 으르렁거렸다. "당신은 나 같은 야수를 절대 사랑할 수 없소."

그런 다음 야수는 그녀의 팔에 안긴 채 숨을 거두었다.

뷰티는 벌떡 일어나 침대에서 뛰어내렸다. "내가 뭐 하고 있는 거지? 내가 불쌍한 야수님을 죽게 만들고 있잖아. 지금 당장 야수님에게로 가서 결혼해야 해!"

뷰티는 아버지에게 작별 편지를 썼다. 그리고 나서 그녀는 반지를 빼고 다시 잠에 빠졌다.

p. 72-73 아침에 뷰티는 성에서 깨어났다. 그녀는 걸어다니며 야수를 찾았다. 그는 아무데도 없었다. 뷰티는 그가 평소처럼 저녁 식탁에 나타날 거라 생각했다. "오늘 밤 그와 결혼하겠다고 말하겠어."

그날 밤 뷰티는 아름답게 치장했다. 저녁식사 시간에 그녀는 마법으로 음식이 나타나는 걸 보지 못했다. 야수도 저녁식사하러 오지 않았다. 그래서 뷰티는 "그는 죽었는지도 몰라. 내가 돌아오지 않아서 그가 죽었을지도 몰라. 내가 결혼하지 않으려 해서 그는 더 이상 살 수 없었는지도 몰라." 하고 생각했다.

p. 74-75　"야수님! 야수님!" 그녀가 외쳤다. 하지만 아무런 대답이 없었다. 그때 그녀는 꿈에서 야수를 발견했던 장소를 기억해냈다. 그녀는 재빨리 그곳으로 달려갔다. 야수가 정원에 쓰러져 있는 게 보였다. 꿈에서처럼 그는 죽어가는 것 같았다.

"야수님!" 그녀가 소리쳤다. "죽으면 안 돼요. 당신은 저와 함께 살아서 제 남편이 되어야 해요! 부디 저와 결혼해 주세요."

그리고 나서 뷰티는 죽어가는 야수에게 몸을 굽혀 두 팔로 그를 안았다. 그리고는 야수의 털투성이 뺨에 입을 맞추었다. 바로 그때 불빛이 번쩍하는 게 보였다.

p. 76-77　순식간에 뷰티는 자신이 성 안에 있다는 걸 깨달았다. 방은 꽃들로 가득했다. 뷰티 옆에는 잘생긴 남자가 있었다. 그는 왕자 같은 옷차림을 하고 있었다. 그녀는 매우 혼란스러웠다.

"도대체 무슨 일이지? 사랑하는 나의 야수님은 어디 계신 거야?"

"내가 당신의 야수요, 착한 뷰티." 왕자가 말했다. "아주 오래 전에, 사악한 마녀가 내게 마법을 걸었다오. 날 야수로 만들어 버린 거지. 그녀는 아름다운 여인이 나와의 결혼에 응하기 전에는 내가 변하지도 늙지도 않을 거라고 말했소. 난 수백 년을 홀로 살았지. 당신이 궁전에 왔을 때 난 수백 년 만에 처음으로 행복감을 느꼈다오. 하지만 당신이 나와 결혼하지 않겠다고 말했을 땐 난 죽고만 싶었지. 그 다음에 당신은 돌아와 나와 결혼하겠다고 말했소. 당신이 내 목숨을 구했소. 그리고 당신이 나를 원래 나의 모습으로 되돌려 주었어. 모든 게 당신 덕이오. 소중한 뷰티. 당신을 너무나 사랑하오."

p. 78-79　바로 그 순간 착한 마녀가 나타나 그들에게 말했다. "잘생긴 당신 모습을 다시 보게 되어 기뻐요, 왕자님. 뷰티, 마침내 너는 너처럼 아름다운 사람을 만났구나. 진정 두 사람은 세상에서 가장 아름다운 한 쌍이에요. 오늘 나는 당신들을 맺어 주겠어요. 그리고 그대들에게 여생 동안 행복을 누리게 해 주겠어요. 행복하고 예쁜 아이들도 많이 점지해 줄게요."

그날부터, 뷰티와 왕자는 하루도 빼놓지 않고 행복했다. 그들은 저녁마다 계속 오래도록 얘기를 나누었다. 그리고 자녀들이 태어나자 궁전의 홀들은 아이들의 웃음소리로 채워졌다.

〈행복한 명작 읽기〉 집필진

Scott Fisher
Seoul National University (M.A. - Korean Studies)
Michigan State University (Asian Studies)
Ewha Womans University, Graduate School of Translation and Interpretation, English Professor

David Hwang
Michigan State University (MA - TESOL)
Ewha Womans University, English Chief Instructor, CEO at EDITUS

Louise Benette
Macquarie University (MA - TESOL)
Sookmyung Women's University, English Instructor

Brian J. Stuart
University of Utah (Mass Communication / Journalism)
Sookmyung Women's University, English Instructor

David Desmond O'Flaherty
University of Carleton (Honors English Literature and Language)
Kwah-Chun Foreign Language High School, English Conversation Teacher

Michael Souza
University of California, Davis (B.A. Anthropology)
California State University, Dominguez Hills (M.A. Humanities)
Elementary school teacher, Sacramento, California Freelance Writer

Silayan Casino
University of Hawaii (International Studies: Western Europe; German Language & Literature, M.A.)
Woosong University, English Instructor

Steve Homer
Northwestern University, B.S. in Journalism (Honors graduate, class of 1988)
YBM Inc. Editorial Department, Senior Writer and Editor Freelance Writer and Editor

---

행복한 명작 읽기 **1** Grade 1

미녀와 야수
Beauty and the Beast

원작 Beaumont M. **각색** David Desmond O'Flaherty
펴낸이 정규도 **펴낸곳** (주)다락원

초판 1쇄 발행 2004년 3월 31일 **초판 24쇄 발행** 2024년 4월 12일

편집 김지영, 김명진 **디자인** 손혜정, 박은진, 허문희
일러스트 Valentina Andreeva **녹음** Fiona Steward, Michael Yancey

다락원 경기도 파주시 문발로 211
Tel (02)736-2031 (출판부: 내선 523 영업부: 내선 250~252) Fax (02)732-2037
출판등록 1977년 9월 16일 제406-2008-000007호
Copyright © 2004, 다락원

저자 및 출판사의 허락 없이 이 책의 일부 또는 전부를 무단 복제·전재·발췌할 수 없습니다.
구입 후 철회는 회사 내규에 부합하는 경우에 가능하므로 구입문의처에 문의하시기 바랍니다.
분실·파손 등에 따른 소비자 피해에 대해서는 공정거래위원회에서 고시한 소비자 분쟁 해결 기준에 따라 보상 가능합니다. 잘못된 책은 바꿔 드립니다.

ISBN 978-89-7255-878-1 48740

http://www.darakwon.co.kr
- 다락원 홈페이지를 방문하시면 상세한 출판 정보와 함께 동영상 강좌, MP3 자료 등 다양한 도서의 어학 정보를 얻으실 수 있습니다.